한마디로 정리해야 하는 순간은 반드시 온다

한마디로

정리 해야 하는 순간은 반드시 온다

나카무라 케이 지음 | 황선종 옮김

어크로스

자신 있게 권하는 설명의 기술

    하고 싶은 말이 있는데 도중에 말문이 막히거나 횡설수설하는 때가 많나요?

    "무슨 말인지 잘 모르겠는데 간단하게 다시 설명해주시겠어요?"라는 말을 종종 듣나요?

    설명을 잘하지 못해서 좋은 기회를 놓치고는 후회했던 적이 있나요?

만약 이런 고민을 안고 있다면 이 책을 따라 간결하게 설명하는 법을 익혀보세요. 모든 것이 해결됩니다.

어떻게 이렇게 자신만만하게 말할 수 있냐고요? 바로 제가 직접 경험했기 때문입니다.

저는 정말 오랫동안 설명이라면 학을 떼며 살았습니다. 어렸을 때부터 내성적이었고 학교에 다닐 때도 사람들 앞에서 발표하는 게 싫었습니다. 직장인이 되고 나서도 여전했습니다. 그러다 보니 자연스레 남에게 설명할 기회가 줄어들었고, 점점 더 설명에 자신이 없어졌습니다.

팀 미팅에서 말할 때면 무슨 말을 하는지 저 자신도 알 수 없는 상황이 돼버릴 때가 많았습니다. 그야말로 설명에 한해서는 열등생이었지요.

그런데 지금은 주위 사람들에게 "간결하고 알기 쉽게 말한다"는 평가를 듣고 있습니다. 대체 무슨 일이 있었던 걸까요?

변화는 카피라이팅 기술을 설명에 사용할 수 있게 되면서부터 시작됐습니다.

말하는 시간은 줄이고
전달력은 높이는 설명의 지름길

저는 12년 넘게 카피라이터로 일하고 있습니다. 카피라이터는 짧고 알기 쉽게 메시지를 전달하는 간결한 설명의 전문가입니다.

어떻게 하면 기껏해야 15초에 불과한 텔레비전 광고나 아주 잠깐 흘낏 보고 지나치는 길거리 포스터에 사람들의 시선을 머무르게 만들고, 내용을 쉽게 이해시킬 수 있을지 매일매일 생각하는 게 제 일입니다.

의외일지도 모르지만 설명이 서투른 사람일수록 말을 길게 하고 설명하는 데 시간도 오래 걸립니다. 같은 말을 몇 번이나 되풀이하거나 말하려는 내용과 관계없는 사실까지 일일이 언급하기 때문입니다. 이럴 경우 전달력이 떨어지는 설명이 되고 맙니다. 설명이라고 하기도 민망한 지경에 이르게 되는 거지요.

예전의 저처럼 스스로 무얼 말하고 있는지 알 수 없는 상황이 되거나 좀처럼 이야기가 매듭이 지어지지 않을 때는 이렇게 한번 생각해보세요.

'여하튼 한마디로 설명해보자'

설명을 짧게 하기 위해서는 최적의 단어만 골라 사용하고 불필요한 정보를 없애야 합니다. 즉, 말을 할 때 간결함을 추구하면 저절로 알기 쉽게 설명하는 사람이 될 수 있습니다. 자연스럽게 자신감도 붙습니다.

그렇다면 어떻게 짧고 간결하게 한마디로 설명할 수 있을까요? 해답은 카피라이터가 평소에 사용하는 기술에 있습니다. 저는 전문적인 기술을 누구라도 손쉽게 사용할 수 있도록 단순하게 만들어서 설명 때문에 전전긍긍하는 사람들에게 힘이 되고 싶습니다. 그런 마음으로 이 책에 알기 쉽게 한마디로 메시지를 전달하는 간결한 설명의 노하우를 모두 담았습니다.

과연 제가 고안한 방법이 다른 사람에게도 효과가 있을지 영 못 미더워하는 분도 계실 텐데요. 그 점은 안심하셔도 됩니다. 저는 대학에서 강의도 하고, 경영자를 대상으로 세미나도 열고 있습니다. 카피라이터로서 몸에 익힌 기술을 다양한 업계의 사람들에게 가르친 경험이 풍부합니다.

　이런 기회를 통해 시행착오를 겪으며 설명이 서투른 사람들이 한마디로 설명하는 기술을 이해하고 실천할 수 있게 하려면 어떤 방법이 좋을지 고민을 거듭했습니다.

"이렇게 간단한 방법이 있는 줄 몰랐어요."
"쉬운 예를 들어서 머리에 쏙쏙 들어옵니다."
"당장이라도 써먹을 수 있는 내용이라서 좋아요."

　수업이나 세미나에서 이런 감사의 말을 들을 때마다 노력한 보람을 느낍니다. 예전에 설명 때문에 힘들었던 제 자신이 보답을 받는 것 같아 정말로 기쁩니다.

　이 책에서 제가 말하는 내용은 수없이 시행착오를 거듭한 끝에 발견한 만큼 정말로 자신 있게 권할 수 있는 방법입니다. 이른바 '설명의 지름길'이라고 할 수 있습니다.

새로운 설명의 규칙이 필요한 시대

짧고 알기 쉽게 설명하는 일의 중요성은 점점 더 높아지고 있습니다. 기술이 발전하면서 정보량이 엄청나게 많아졌고 이러한 경향은 앞으로 더 가속화될 것입니다.

현대인의 머릿속은 정보로 가득 차 있습니다. 장황한 설명을 넣어둘 공간이 없습니다. 설명이 길어지면 그 정보는 불필요하다고 느끼고 받아들이지 않으려 합니다.

또한 생산성을 높이는 방향으로 일하는 방식이 바뀌면서 사회적으로도 속도가 중시되고 있습니다. 자연스럽게 단시간에 적확하게 설명할 수 있는 사람이 높은 평가를 받습니다. 새로운 설명의 규칙에서 메시지 전달은 빠르면 빠를수록 좋습니다.

설명을 다룬 책에는 "~에는 세 가지 이유가 있습니다"라는 표현이 자주 등장합니다. 과연 이런 방식이 메시지를 잘 전달하는 데 도움이 될까요? 이 책에서는 이처럼 우리가 설명의 기본이라고 생각했던 것들이 과연 그러한지,

더 간결한 설명의 방식은 무엇인지 살펴봅니다.

　이 책을 읽고 실천하면 다음과 같은 효과를 볼 수 있습니다.

| 이야기 도중에 말문이 막히거나 초조해지지 않고 짧은 시간에 최소한의 말로 무엇이든 설명할 수 있게 된다.
| 설명만 생각하면 조마조마해지던 마음이 두근두근하는 기대로 바뀐다.
| '설명에는 영 소질이 없네요'라던 주위의 평가가 달라진다.

　자, 이제 가장 빠르게 메시지를 전달하는 설명의 지름길로 떠나볼까요?

4장   설명의 속도를 높이는 표현들

5장   상대방의 귀를 사로잡는 내비게이션 표현

6장   나의 설명에 집중하게 만드는 무의식 알람

7장   일상에서 활용하는 설명의 기술

| 에필로그 |

1장

새로운
설명의
규칙

한마디로 정리해야 하는 순간은 반드시 온다

정보량이 급격하게 증가하면서
설명에 대한 사람들의 생각 역시 바뀌고 있습니다.
1장에서는 요즘 시대가 선호하는 설명의 규칙을 살펴보겠습니다.
새로운 설명의 규칙을 아느냐 모르느냐에 따라
인생이 크게 좌우됩니다.
많은 사람들이 설명의 규칙이 바뀌었다는
사실 자체를 모르고 있기 때문입니다.
이를 의식하는 것만으로도 다른 사람들과
큰 차이를 만들 수 있습니다.

긴 설명은
더 이상
환영받지
못한다

예전에는 길게 설명하는 게 정중한 표현의 방식으로 여겼기 때문에 시간 낭비라고 생각하는 사람이 없었습니다.

| **팀 미팅에서는 알고 있는 지식을 최대한 동원해서 모두가 납득할 때까지 설명한다.**

| 실례가 되지 않도록 날씨 얘기나 안부 인사를 빠뜨리지 않고
메일을 보낸다.
| 차가운 인상을 주지 않기 위해서라면 이야기가 길어져도 괜
찮다.

보통 이렇게들 생각했습니다. 길고 자세한 설명을 상대
를 배려하는 마음의 표시로 여겼기 때문에 길게 설명할
수 있는 사람이 좋게 평가받았습니다.

그런데 눈 깜짝할 사이에 시대가 바뀌었습니다. 지금
은 길게 진행되는 미팅이나 회의는 생산성을 떨어뜨리는
원흉으로 여겨집니다. 회의도 설명과 마찬가지로 짧으면
짧을수록 좋다고 생각하는 사람들이 대부분입니다.

그렇기 때문에 팀 미팅에서 장황하게 이야기하는 사람
은 눈총을 받습니다. 장문의 메일은 읽는 것만으로도 시
간을 빼앗기기 때문에 제대로 보지 않고 뒤로 미뤄놓게
됩니다.

왜 이렇게 바뀌었을까요? 개개인이 주고받는 정보량이
급속하게 늘어나고 있기 때문입니다.

세계 최대의 네트워크 기기 개발회사인 시스코 시스템즈가 발표한 자료에 따르면, 전 세계의 IP트래픽(데이터양/월)은 2008년에 약 1만 페타바이트(1페타바이트=100만 기가바이트)였습니다. 그러던 것이 2013년에는 약 5만 페타바이트가 되었고, 2022년에는 약 39만 6000페타바이트가 될 것이라고 합니다.

여러분도 하루에 받는 정보량이 수년 전보다 훨씬 증가했다는 사실을 실감하고 있지 않나요? 마음만 먹으면 SNS를 훑어보는 것만으로도 하루가 부족할 지경입니다.

영상 콘텐츠의 양도 상상을 초월합니다. 평생 봐도 다 볼 수 없는 수의 작품을 매달 불과 몇 천 원으로 즐길 수 있습니다. 일을 열심히 하는 사람일수록 인터넷 뉴스를 비롯해 각종 구독 서비스 등으로 정보를 수집하는 일을 게을리하지 않으니, 우리에게 쌓이는 정보의 양이 어마어마하다는 걸 알 수 있을 것입니다.

최근에는 메일뿐 아니라 SNS나 메신저 프로그램 등을 사용해서 업무상 연락을 주고받거나 거래를 하는 경우도 늘어나고 있습니다. 그러다 보니 공유하는 정보량도 덩

달아 늘어나게 되었습니다.

상대의 시간을
소중히하는 감각을 익혀야

이렇게 개개인이 처리하는 정보량이 증가하고, 이를 위해 소비하는 시간이 늘어나자 많은 사람들이 시간을 빼앗기는 일에 예민해지기 시작했습니다. 쓸데없이 시간을 낭비하고 싶지 않은 것이지요.

특히 밀레니얼 세대에게서 이러한 현상이 뚜렷하게 나타나고 있습니다. 밀레니얼 세대 가운데는 전화로 업무나 할 일을 처리하기를 꺼리는 사람들이 꽤 많습니다. 전화는 자신의 시간뿐 아니라 상대방의 시간도 반강제적으로 빼앗기 때문입니다. 다른 사람에게 폐 끼치기 싫어하는 요즘 젊은 세대의 성향이 잘 드러나는 현상입니다.

메일이라면 자신이 원하는 시간에 답장을 보낼 수 있지만, 전화는 그렇게 할 수 없습니다. 사실 메일도 그렇게 편리한 의사소통 수단은 아닙니다. 제목을 고민하거나 "항상 감사드립니다"와 같은 인사를 챙겨야 하기 때문입니다. 메신저 앱으로 보내는 메시지조차 몇 줄 이상 내용이 길어지면 눈총을 받기 십상입니다.

시간을 빼앗기고 싶지 않은 것은 비단 젊은 사람들뿐만이 아닙니다. 회사의 중역들도 이런 경향이 심해지고 있습니다.

경영진 등 고위 임원들은 하루에 확인해야 하는 메일이나 메시지의 양이 방대합니다. 또한 비즈니스 미팅이나 접대 자리도 많기 때문에 이래저래 항상 시간이 부족하기 마련입니다.

그럴수록 업무와 관계된 연락은 효율적으로 처리하고 싶은 욕구가 높아집니다. 특히 일하는 시간은 줄이고 생산성은 높여야 하는 시대에 조직의 리더들은 한층 시간관리에 엄격해질 수밖에 없습니다.

그렇기에 메일이든 뭐든 간결한 설명을 선호합니다. 이럴 때일수록 일 잘하는 사람이라면 상대의 시간을 소중히 하는 감각이 몸에 배어 있어야 합니다.

| 느닷없이 장문의 메시지를 보내면 상대가 부담스러워할지도 몰라.

| 팀장님이 보고 시간을 30분 주었지만, 핵심만 요약해 설명 시간을 줄이면 좋지 않을까?

이런 감각을 갖고 있는 사람인지 아닌지는 메일이나 메시지를 보면 한눈에 알 수 있습니다. 상대의 시간을 소중하게 생각한다면 설명하는 시간을 줄여야 합니다.

내 이야기를
─────────
쓸데없는
─────────
정보로 만드는
─────────
치명적 실수
─────────

　　어쩌면 이런 사람이 여러분 주위에도 있을지 모르겠습니다.

| 어딘가에서 본 듯한 내용을 자신의 생각인 것처럼 풀어놓
　는다.
| 말할 때 요즘 유행하는 키워드를 자주 사용한다.

| **이미 많이 알려진 이야기를 자랑스럽게 늘어놓는다.**

온갖 정보가 매일매일 봇물처럼 쏟아져 나온다는 것은
유용한 정보나 많은 사람들이 이야기하는 키워드는 눈 깜
짝할 사이에 공유돼 금방 퍼진다는 것을 의미합니다.

예전이라면 이미 알고 있는 정보라도 예의상 알려줘서
고맙다는 인사를 받았을지 모르지만, 이제는 들어본 적이
있는 이야기라면 귓등으로 흘리기 마련입니다.

인간의 뇌는 알고 있는 내용으로 인식되는 정보는 불
필요한 데이터로 처리한다고 합니다. 어딘가에서 들어본
듯한 이야기나 키워드를 빈번하게 사용해 설명하면 역효
과가 나기 쉽습니다.

같은 말도 다르게 들리게

"똑같은 표현이 전에 쓰인 적이 있나?"
카피라이터는 이 질문에 병적으로 민감합니다. 어마어

마한 예산이 투입되는 광고 카피가 소비자에게 '어, 이거 어디서 본 거 같은데'라는 인상을 준다면 그 광고는 효과가 크게 떨어지기 때문입니다.

그렇지만 광고를 만들 때 해당 제품이나 서비스에서 부각하고 싶은 점이 다른 기업 및 상품과 동일한 경우는 흔합니다. 그렇기 때문에 카피라이터는 같은 내용도 어떻게 바꾸어 말하면 새롭게 보일 수 있을지 고심합니다.

보통 신입 카피라이터는 팀 미팅 때마다 광고 카피를 100개씩 제출합니다. 바꾸어 말하는 힘을 단련시키는 훈련을 하는 것입니다.

그렇다면 식상한 표현을 어떻게 바꿔 말하면 좋을까요?

대학에서 교직원으로 일하는 후쿠모토 신지는 학생들을 대상으로 기업에서 단기간 업무를 경험해볼 수 있는 인턴십 프로그램을 기획했습니다.

그는 학생들에게 주체적으로 프로그램에 임해야 하는 중요성을 이렇게 이야기합니다.

| "남보다 빨리 발전하는 사람은 게스트 감각을 빨리 버립니

다. 숙소에 머무는 손님처럼 누군가가 도와주기를 기다리거나 가르쳐주지 않았다고 변명하거나 심지어는 푸념을 늘어놓는 등 게스트 감각으로 일하면 시간도 돈도 마음도 소모될 뿐입니다. 지금 당장 호스트 감각으로 전환하여 뭐든지 좋으니 먼저 나서서 해보세요. 단숨에 상황이 바뀔 겁니다."

이는 진부한 표현으로 말하자면 "주인의식을 갖고 행동하라"는 내용입니다. '주인의식'이라는 단어를 듣는 순간 학생들은 지겨워하며 주의를 딴 데로 돌릴 게 뻔합니다.

그래서 후쿠모토 신지는 '게스트 감각', '호스트 감각'이란 새로운 개념을 사용했습니다. 게다가 이는 셰어하우스나 도미토리 숙소에 익숙한 학생들에게 와닿는 표현입니다. 자연스럽게 듣는 사람의 귀를 열게 하는 바람직한 설명의 방법입니다.

시대가 변해도 변하지 않는 중요한 것들이 있습니다. 하지만 이를 설명하는 방법이나 키워드는 시대에 따라 시시각각 바뀌어간다는 것을 꼭 기억해야 합니다.

설 명 의 대 상 은
설 명 을 듣 지
않 으 려 는
사 람 이 다

사람들과 커뮤니케이션할 때 반드시 기억해두
어야 할 점이 있습니다. 요즘 사람들은 뇌에 부담이 될 것
같은 내용은 받아들이지 않는다는 점입니다. 머릿속이
항상 정보로 가득 차 있기 때문에 정말 필요한 것 외에는
집어넣고 싶지 않은 것입니다.

여러분도 이미 경험하고 있을 겁니다. SNS나 인터넷에

서 이해하기 어려운 글을 본 적이 있을 텐데요. 그런 글은 무엇보다도 머리에 남지 않습니다. 우리의 뇌는 자연스럽게 읽히지 않으면 '굳이 읽을 필요 없겠지'라고 순간적으로 판단하고 넘어가기 때문입니다.

인간의 두뇌는 저장할 가치가 있는 정보인지 아닌지를 즉각적으로 판단합니다. 처리해야 할 정보가 많은 현대인은 깊이 생각해도 유익한지 어떤지 알 수 없는 정보를 받아들일 여력이 없습니다.

그렇기 때문에 문장이 몹시 길거나 문법에 맞지 않거나 글자가 빽빽하게 쓰여 있으면, 언뜻 봐도 읽기 어렵다고 판단해 주의를 잃고 맙니다.

또한 요즘에는 각자의 관심사에 따라 제공되는 정보를 접하는 일이 일상적입니다. 사람들은 수시로 인터넷 쇼핑에서 구입한 상품이나 검색한 키워드를 토대로 한 웹 광고에 노출됩니다. 타깃 광고는 고객을 세밀하게 분석하여 목표 고객을 분류하고 맞춤형 메시지를 보냅니다.

이런 상황에 익숙해져 있기 때문에 사람들은 자신과 관계없다고 생각하는 정보는 즉각적으로 차단하는 습관이 몸에 배어 있습니다.

듣지 않으려 해도 들리는 문장

　글이나 말에서 거부감을 없애기 위해 카피라이터는 항상 노심초사합니다. 광고는 태생적으로 외면당하는 숙명을 짊어지고 있기 때문입니다.

　카피라이터는 무엇보다 먼저 "상대가 광고를 본다는 전제로 카피를 쓰지 마라"라고 배웁니다. 갓 입사한 신입 카피라이터는 아무래도 사람들이 읽는다는 전제하에 광고 문안을 고민하고 작성하기 쉽습니다.

　하지만 광고를 눈여겨보는 사람은 거의 없습니다. 그렇기 때문에 광고를 보게 만들기 위해서는 매력적인 한마디로 고객의 마음을 사로잡은 다음, 끝까지 거부감을 느끼지 않게 설명해야 합니다.

　텔레비전 광고의 내레이션이나 신문이나 포스터 광고의 문장도 어떻게 하면 사람들이 읽게 만들 수 있을지 의식하면서 작성해야 합니다.

　너 나 할 것 없이 모두 자신에게 유익한 정보인지 아닌지를 한순간에 판단하고 싶어 하는 요즘 시대에는 카피라이터뿐만 아니라 여러분이 처한 상황도 크게 다르지 않습니다. 요컨대 상대가 설명을 들어준다는 전제로 말하지 않는 자세가 중요합니다.

　저는 12년 이상 카피라이터를 해왔기 때문에, SNS에서도 읽는 이에게 자연스럽게 스며드는 표현을 사용하려고 노력합니다. 그래서인지 "어떻게 하면 저도 그렇게 글을 잘 쓸 수 있을까요?"라는 질문을 들을 때가 많습니다.

　아무래도 감각이 좋은 사람은 거부감 없이 상대에게 가닿는 문장의 중요성을 잘 알고 있습니다.

　듣는 이에게 잘 이해되는 문장은 듣지 않으려 해도 들리기 마련입니다.

간 결 한
———
한 마 디 로
———
승 부 하 는
———
S N S 세 계
———

　　팀 미팅 시간. 자신은 아직 의견을 내놓지 못했습니다. 그럴 때 절대 듣고 싶지 않은 한마디가 있지요.

　　"그런데 ○○ 씨는 어떻게 생각해요?"

　　갑자기 이런 질문을 받으면 심장이 두근거리고 식은땀이 흐릅니다. 당황하여 엉뚱한 말만 늘어놓게 됩니다. 주변의 공기가 싸늘해지는 것이 스스로도 느껴집니다.

여러분도 이런 경험을 한 적이 있나요? 저는 수없이 많습니다. 저는 원래 엄청나게 말주변이 없었습니다.

초등학교나 중학교를 다닐 때는 선생님이 제 이름을 부를까 봐 항상 전전긍긍했습니다. 학교에서 "저요!"라고 외치며 손 한 번 든 적이 없고 사람들 앞에 서면 머릿속이 새하얘졌습니다. 그래서 저는 오랫동안 설명하는 것을 싫어했습니다.

직장인이 되어서도 여전했습니다. 팀 미팅을 할 때는 기본적으로 입을 꾹 다물고 있었습니다. 느닷없이 지명당하면 허둥지둥거리며 주워섬기는데 저 자신도 무슨 말을 하는지 알 수 없을 때가 많았습니다. 미팅이 끝날 때마다 자기혐오에 빠졌지요.

어쩌면 여러분 중에도 예전의 저와 같이 말솜씨가 서툴고 사람들 앞에서 설명하는 자리라면 진절머리를 내는 사람이 있을지도 모르겠습니다.

하지만 이제는 되도록 빨리 남들 앞에서 설명하는 일에 익숙해져야 합니다. 지금까지 "길게 말하는 사람은 따가운 시선을 받는다"라는 이야기를 했는데요. 그러면 무엇이 환영받을까요? 그것은 다름 아닌 '다양한 의견'입니다.

전에는 말이 많은 상사가 장황하게 이야기를 늘어놓는 경우가 허다했습니다. 한 얘기를 하고 또 하는 걸 듣고 있자면 괴롭지만, 저 같이 말주변이 없는 사람은 의견을 한마디도 내놓지 않아도 회의가 끝나는 경우가 있어 다행이었습니다.

하지만 이제 길게 이야기하는 사람이 홀대받는 이상 그런 독주회 시간은 줄어들 수밖에 없습니다. 다양한 사람의 각기 다른 의견이 중요한 시대가 되었습니다. 이는 신입사원이든 경력이 많은 사원이든 마찬가지입니다.

비즈니스 현장에서 자신의 의견을 내놓아야 하는 경우는 갈수록 늘어나고 있고, 말주변이 없는 사람도 설명을 해야 하는 자리가 많아지고 있습니다.

저는 말을 잘 못하는 사람들을 유심히 관찰한 결과 한가지 공통점을 발견했습니다. 설명이 서투른 사람은 머릿속에 생각이 너무 많아 이를 자연스럽게 말로 표현하지 못한다는 것입니다.

또한 이 점을 스스로도 익히 알고 있기 때문에 사람들

앞에서 설명하는 자리가 두려워지고, 그럴수록 말이 잘 나오지 않는 악순환에 빠지게 됩니다.

당연한 이야기이지만 설명을 잘 못한다고 해서 아무것도 생각하고 있지 않은 게 아닙니다. 이를테면 팀 미팅이 끝난 뒤 편안하게 말을 주고받는 자리에서 "그런 괜찮은 아이디어를 갖고 있었으면서 왜 아까 이야기하지 않았어!"라고 타박을 받는 경우도 많습니다.

한마디로 설명하는 능력이 중시되는 시대에는 생각한 내용을 정리해서 간결하게 설명할 수 있는 사람이 인정받습니다. 이때 중요한 것은 아무리 설명의 기술을 배워도 생각이 얕으면 그다지 의미가 없다는 점입니다.

자신의 생각을 깊이 다듬을 수 있는 사람은 간결하게 설명하는 기술만 익히면 크게 도약할 수 있는 가능성을 품고 있습니다.

요즘은 한마디로 설명할 수 있으면 돈도 버는 시대입니다. 가장 대표적인 사례가 크라우드 펀딩입니다. 크라우드 펀딩은 자신이 팔고 싶은 물건이나 실현하고 싶은 서비스를 웹페이지를 통해 설명하고, 자금을 모으는 방법입니다.

최근에는 이런 방식으로 신제품의 개발 비용을 확보하거나 영화나 책의 제작비를 마련하는 경우가 드물지 않습니다. 유명인이 아닌 일반 사람도 크라우드 펀딩을 이용해서 몇 천만 원을 모으곤 합니다.

다양한 간편 결제 서비스가 등장하면서 인터넷에서 간단하게 돈을 주고받을 수 있게 되었기 때문에 제품이나 서비스가 마음에 들면 곧바로 결제합니다. 그러기 위해서는 상대방을 설득할 수 있는 간결한 설명이 필수입니다.

이런 흐름 때문에 방치해두었던 SNS를 다시 시작하는 사람들이 많습니다. 자신을 설명하는 인터넷 공간이 실제 비즈니스에 영향을 미치고 있는 것입니다.

SNS에서도 통하는 짧게 말하기

인터넷은 하나의 문장, 하나의 음성, 하나의 동영상이 전 세계로 확산되거나 믿을 수 없을 정도로 많은 사람들에게 전달될 수 있는 가능성을 품고 있습니다. 이 세계에서도 긴 설명은 환영받지 못합니다. 간결하고 알기 쉽게 한마디로 메시지를 전달해야 합니다.

설명이 중요한 역할을 하는 곳은 비단 인터넷 공간만이 아닙니다. 최근에는 현장의 장인들 가운데도 설명을 잘하는 사람들이 수두룩합니다.

예전에는 장인이라고 하면 본인의 작품으로만 평가받는 과묵하고 딱딱한 이미지를 갖고 있는 사람들이 많았습니다. 오히려 말이 많으면 진정한 장인이 아니라 사기꾼으로 취급하는 분위기도 있었습니다. 하지만 요즘 잘 나가는 장인들을 보면 자신의 작품을 설명하는 일에 매우 능숙합니다.

저는 사가현의 도자기 장인들을 만날 기회가 종종 있습니다. 저 역시 장인을 처음 만나기 전까지는 과묵한 이미지를 머리에 그리고 있었습니다. 그런데 사가현에 다니면서 그런 이미지가 싹 바뀌었습니다.

어떤 장인은 젊은 고객들에게 직접 도자기를 굽게 하고 도자기의 매력을 충분히 설명해주면서 고객들이 도자기

애호가로 거듭나게 도왔습니다.

젊은 사람들은 그런 체험을 자연스럽게 SNS에 소개했고, 이를 통해 점점 더 많은 사람들이 도자기의 매력을 알게 됐습니다. 급기야 지금은 외국에까지 알려져서 사가현의 산속 깊은 곳에 있는 공방까지 관광객들이 찾아오고 있습니다.

유창한 영어가 아니어도 외국인들에게 도자기의 매력을 충분히 설명할 수 있다는 것이 인상적이었습니다. 무엇보다도 사람들에게 도자기에 관해 즐겁게 설명하고 있는 장인을 보고 있으면, 좋은 것을 만드는 기술도 중요하지만 그것을 능숙하게 말로 표현하는 힘도 필요하다는 사실을 실감합니다.

마지막으로 SNS나 인터넷상의 발언, 행동, 인맥이 그 사람을 평가하는 기준이 되고 있습니다. 실제 중국의 대기업인 알리바바가 제공하는 스마트폰 결제 앱 알리페이(Alipay)에서는 '즈마신용'이란 신용평가 시스템이 사용되고 있습니다. 인터넷에서 수집한 그 사람의 이력이나 인맥에 관한 정보로 신용도를 분석하고, 결제 상한액 등이 자동으로 바뀌는 시스템입니다.

일본에서도 인터넷 서비스를 제공하는 라인의 라인스코어(LINE Score)나 미즈호 은행과 소프트뱅크가 설립한 합병자회사가 운영하는 제이스코어(J.Score) 등의 서비스가 시작되었습니다. SNS상의 발언이 신용평가에까지 반영되는 시대가 된 것입니다.

이러한 흐름은 SNS에서 나를 설명하는 간결한 한마디가 얼마나 중요한 역할을 하는지를 여실히 드러내고 있습니다.

1장 ○ 정리

○ 정보 과잉 시대에는 짧고 간결하게 설명하는 능력이 중요하다.

○ 친절한 설명은 길고 자세한 설명이 아니라 짧고 간결한 설명이다.

○ 누구나 쓰는 표현을 사용해서는 사람들의 관심을 끌 수 없다.

○ 이제 읽기 어려운 문장을 애써서 이해하려는 사람은 드물다.

○ 상대가 내 설명을 들어준다는 생각을 버려라.

○ 다양성이 확대되면서 누구나 의견을 제시해야 하는 시대가 되었다.

○ 말이 서투르더라도 생각을 깊이 하는 습관이 있는 사람은 간결하게
   정리할 수만 있다면 설명을 잘할 수 있다.

설명을 잘하고 싶다면, 카피라이터처럼

한마디로 정리해야 하는 순간은 반드시 온다

1장에서는 한마디로 설명할 수 있는 능력이
지금 시대에 얼마나 중요한지를 소개했습니다.
2장에서는 간결한 설명을 몸에 익히는
구체적인 방법을 알려드리려고 합니다.
짧고 알기 쉽게 설명하는 능력이 무엇보다
우선되는 세계에서 끈질기게 살아남은 사람들이 있다면
그들이 어떻게 버틸 수 있었는지 궁금하지 않으세요?
바로 카피라이터가 그러합니다.
카피라이터가 갖고 있는 지식은 그야말로
이 시대의 모든 사람들에게 필요한 능력입니다.

카 피 라 이 터 는

간 결 한

설 명 의

전 문 가

카피라이터는 텔레비전, 신문, 잡지, 인터넷 광고에 실리는 카피를 만드는 것이 주된 일입니다.

영상에서 광고 문구가 등장하는 시간은 불과 몇 초입니다. 신문, 잡지, 포스터 등도 한순간에 독자의 눈을 사로잡아야 합니다. 게다가 광고는 사람들이 주목하는 콘텐츠가 아닙니다. 오히려 일단 거르고 보는 내용에 가깝죠.

CF는 프로그램과 프로그램 사이에 흘러나옵니다. 화장실에 다녀오거나 잠깐 설거지를 하는 등 시청자가 딴짓을 하고 있을 때 불쑥 귀에 꽂히는 내레이션으로 듣는 사람의 마음을 사로잡아야 합니다.

신문도 광고를 읽고 싶어서 구입하는 사람은 없습니다. 자신에게 필요한 기사를 찾아 신문을 뒤적이는 독자의 눈을 번쩍 뜨게 할 수 있는 표현을 만들어야 합니다. 거리의 스크린 광고도 분주하게 걸어 다니는 사람의 시선을 단박에 사로잡을 수 있어야 합니다.

더구나 카피라이터는 단지 이목을 끌고, 글을 읽게 하는 게 목표가 아닙니다. 광고는 상품이나 서비스 등의 인지도를 상승시켜서 물건을 구입하고 사용하게 하는 것이 목적입니다.

따라서 한순간 이목을 집중시키는 것만으로는 불충분합니다. 광고 문구를 끝까지 읽고 공감하거나 흥미를 갖게 하지 않으면 안 됩니다. 모처럼 관심을 갖고 읽어도 글이 잘 읽히지 않거나 어딘가에서 본 적이 있는 듯하면 사람들은 쉽게 고개를 돌립니다.

카피라이터가 놓여 있는 이런 상황은 앞에서 이야기한 간결한 설명이 요구되는 트렌드와 비슷합니다. 이번 장에서는 카피라이터의 습관과 사고방식에 대해 소개합니다. 바로 설명의 최단 경로를 만드는 방법을 알려드리려고 합니다.

짧게 쓰는 습관이
간결한 설명의 기본

카피라이터의 습관 가운데 가장 먼저 여러분에게 소개하고 싶은 것은 문장을 짧게 쓰는 데 집착한다는 점입니다.

"간결하게 설명하려면 무엇이 필요한가요?"

짧게 말하는 기술이 중요하다고 말하면 반드시 튀어나오는 질문인데요. 우선 자신의 설명에서 쓸데없는 부분이 얼마나 있는지 파악해야 합니다.

이를 파악하는 방법 중 하나는 글을 쓰면서 철저하게

불필요한 표현을 찾는 것입니다. 말은 돌이켜보기가 어렵지만 글은 눈에 보이기 때문에 쓰면서 어떤 점이 문제인지 알 수 있습니다.

사실 많은 사람들이 무언가를 설명할 때 같은 말을 몇 번이고 되풀이합니다. 하지만 일부러 녹음하지 않는 이상 자신이 무슨 말을 하며 설명했는지를 확인할 수가 없습니다. 또한 녹음해서 다시 듣는 작업은 많은 시간이 소요됩니다.

문장은 쓰고 나서 다시 한번 읽어보면 쓸데없는 부분을 즉각적으로 알아차릴 수 있습니다. 눈으로만 읽는 것보다 소리 내서 읽으면 더욱 잘 파악할 수 있습니다. 문장으로 짧게 설명하는 습관이 붙으면 말을 할 때도 필요 없는 부분이 줄어듭니다.

생각해보면 제가 알고 있는 뛰어난 카피라이터들은 한결같이 이야기의 요점을 능숙하게 정리했습니다.

그런 사람들은 팀 미팅에서 논의가 과열되거나 말하는 사람들도 무슨 말을 하고 있는지 잘 모르는 지경이 되었을 때 "말하자면 ○○라는 것이네요"라고 딱 잘라서 매듭을 짓습니다.

이는 광고 문구를 작성할 때 짧고 알기 쉽게 내용을 전
달하는 습성이 몸에 배어 있기 때문입니다.

업 무 메 일 을

보 면

설 명 습 관 을

알 수 있 다

여러분은 평소에 문장을 쓰고 나면 다시 살펴보는 습관이 있나요? 카피라이터는 자신이 쓴 문장을 몇 번이고 보고 또 봅니다. 앞에서 말한 대로 쓸데없는 부분을 샅샅이 찾아내 없애기 위해서지요.

광고를 꼼꼼히 들여다보는 사람은 없습니다. 이 전제를 인정하면, 한 자라도 짧아야 눈에 잘 띄고 사람들이 볼 가능성이 높아집니다.

그러면 어떻게 자신의 문장을 살펴보는 게 좋을까요? 가장 추천하는 방법은 업무상 주고받는 메일이나 채팅 메시지 또는 SNS의 글을 검토하는 것입니다.

이러한 글은 여러분이 지금까지 어떻게 설명해왔는지 한눈에 알 수 있는 보물과 같은 사례입니다.

특히 작성한 지 몇 달이 지난, 시간에 쫓겨 급하게 휘갈겨 쓴 문장에서 배울 점이 많습니다. 시간이 흐른 뒤 차분하게 읽어보면 객관적으로 평가할 수 있기 때문입니다.

또한 여러분이 받았던 업무 메일이나 메시지도 주의를 기울여 읽어보기 바랍니다. 내용이 잘 전달되는 사람과 그렇지 않은 사람의 차이를 알 수 있습니다.

술술 읽히는 메일을 보내는 사람은 그것만으로도 좋은 평가를 받습니다. SNS에서도 어떻게 글을 쓰느냐에 따라서 결과가 사뭇 달라집니다.

같은 내용을 올려도 읽기 쉬우면 '좋아요'나 '공유'를 누르는 수가 크게 늘어납니다. 그러면 이제부터 문장을 검토하는 방법을 구체적으로 소개하겠습니다.

낭독하고, 글자 수 제한하기

문장을 다듬는 일은 결코 쉽지 않습니다. 몇 번이나 되풀이해서 읽어도 딱히 고쳐야 할 부분이 눈에 들어오지 않는 경우도 있습니다.

그때 유용한 방법이 낭독입니다. 문장을 소리 내어 읽어보세요. 그러면 이상한 점을 바로 찾을 수 있습니다.

대체로 장황하고 잘 읽히지 않는 문장에는 필요 없는 표현이 많이 들어 있습니다. 그런 글은 소리 내어 읽다 보면 불편한 지점이 있습니다. 요컨대 문장의 흐름이 막혀 있는 것입니다.

소리 내어 읽다가 막히는 부분은 과감하게 수정하거나 지워보세요. 이런 감각으로 글을 고쳐나가면 문장이 눈에 띄게 매끄러워집니다.

문장을 다듬어야 한다고 하면 처음부터 잘 쓰려는 욕심에 좀처럼 글을 쓰지 못하는 분들이 있습니다. 그러다 보면 쓰는 시간이 한없이 늘어납니다. 귀찮게 여겨질지도 모르지만 '쓰는 시간'과 '수정하는 시간'으로 나누어서 글을 쓰면 총 작업시간을 줄일 수 있습니다.

이때 유용한 것이 '글자 수 제한'입니다. 가령 140자로 말할 수 있는 트위터는 문장 연습에 최적입니다. 최대한의 글자 수가 정해져 있기 때문에 쓸데없는 내용을 줄이기 위해 철저하게 생각하게 되기 때문입니다.

대체로 사람들은 글을 쓸 때 같은 말을 몇 번이나 되풀이합니다. 이 습관을 고쳐야 합니다. 같은 것을 또 말한다는 사실을 알아차리고 의식해서 '줄여야' 합니다.

쓰고 싶은 것을 쓸 수 있는 만큼 써놓고, 그러고 나서 군더더기 부분을 지워나갑니다. 그러면 꼭 필요한 최소한의 요소로 구성된 문장이 완성됩니다.

업무상 메시지도 의식적으로 문자 수를 제한하고 줄여 쓰면 좋은 글을 쓸 수 있습니다. 줄이면 줄일수록 세련된 문장을 쓸 수 있습니다.

설 명 의   대 상 을

구 체 적 으 로

정 리 하 는

타 깃   사 고

　　설명에 유익한 카피라이터의 두 번째 노하우는
타깃(target) 사고입니다. 설명의 대상(타깃)을 구체적으로
떠올리고 그들의 니즈에 맞춰 설명하는 방식입니다.

　　아무리 간결하고 명확한 표현이나 문장이라도 듣는 사
람이 '자신과 관계없다'고 여기는 순간 그 정보는 차단되
고 맙니다. 한편 자신에게 필요한 정보라고 여기면, 다소

읽기 어렵더라도 눈에 불을 켜고 살펴보게 되지요.

설명은 대체로 듣는 상대가 분명하게 정해져 있습니다. 얼마나 구체적으로 상대를 생각하면서 설명을 구성하는가에 따라 보다 쉽고 빠르게 내용을 전달할 수 있습니다.

그런 의미에서 타깃 사고는 기억해두면 무척 유용한 규칙입니다. 저는 남성이지만 여성 고객을 대상으로 하는 상품의 광고 카피를 작성할 때도 많습니다. 처음 여성용 제품을 맡게 됐을 때, 선배가 서점에 가서 여성잡지를 종류별로 몽땅 사오라고 했습니다.

제 머리로만 생각하면, 여성의 마음을 울리는 문구를 쓸 수 없기 때문입니다. 여성 고객에게 어떤 말이 와닿을지 잡지를 보면서 다양한 정보를 얻으라는 뜻이었습니다.

이런 일을 하는 것은 카피라이터뿐만이 아닙니다. 설명의 전문가는 무언가를 전달할 때, 상대의 이미지에 걸맞은 표현을 선택하기 위해 노력합니다.

의류 매장의 판매사원들도 마찬가지입니다. 본인보다 나이가 많은, 혹은 어린 고객을 대상으로 하는 브랜드를 팔 때는 고객의 연령층이 즐겨 보는 매체를 보고, 그들의 마음을 끄는 표현으로 영업을 해야 성공할 확률이 높아집니다.

거울 효과 활용하기

설명은 타깃이 광고보다 분명하기 때문에 타깃 사고를 한층 깊이 활용할 수 있습니다. 요즘은 SNS를 통해 상대에 대한 정보를 얻기가 수월해졌습니다.

제가 아는 한 대표이사는 거래처와 미팅하기 전에 반드시 상대에 관한 최신 정보를 파악하고 나서 참석한다고 합니다. 사전정보를 토대로 대화를 이끌어나가면 더욱 활기찬 분위기에서 미팅을 할 수 있기 때문입니다.

이보다 더 간단하게 전달력을 향상시키는 방법은 상대가 즐겨 쓰는 말을 사용하는 것입니다. 듣는 사람이 어떤 분야의 전문가라면 그 업계의 전문용어를 사용해서 말하는 게 좋습니다.

구체적인 숫자를 선호한다면 숫자를 활용해서 이야기를 풀어놓는 방법을 추천합니다. 상대가 SNS에 게시물을 자주 올리는 사람이라면, 그 글을 통해 즐겨 쓰는 표현을 알아낼 수 있습니다.

메일이나 메시지도 받는 사람에게 맞춰서 표현을 선택하는 것이 기본입니다. 상대가 자주 쓰는 말을 사용하면 듣는 사람은 보다 편하게 답변할 수 있습니다.

사소하지만 상대가 메시지 끝에 "잘 부탁드립니다"를 자주 사용하는 사람이라면 똑같이 "잘 부탁드립니다"라고 쓰는 것이지요. 심리학에서는 자신과 같은 표현을 하는 사람에게 친근감을 느끼는 것을 '거울 효과'라고 말합니다. 설명할 때도 거울 효과를 활용하면 친근한 인상을 줄 수 있습니다.

이성에게 인기가 많은 제 친구의 말을 덧붙이자면, 마음에 있는 상대와 메신저로 이야기를 나눌 때 상대와 비슷한 분량의 글을 보내는 것이 기본이라고 합니다.

인기가 없는 사람은 자신이 하고 싶은 얘기만 길게 써보내다가 결국 대화를 이어나가는 데 실패합니다. 상대가 부담을 느끼기 때문입니다.

상대와 비슷한 분량의 메시지를 그 사람이 자주 쓰는 표현을 섞어 보내보세요. 이렇게 하면 대화가 이어지는 확률을 높일 수 있습니다.

간결한 설명은
생각을 가시화하는
것부터 시작한다

카피라이터는 일단 머릿속에 떠오른 글을 모조리 꺼내놓고 가시화하는 습관이 몸에 배어 있습니다. 저는 이것이 최단 시간에 상대를 이해시키는 카피라이팅 기술의 본질이라고 생각합니다.

카피라이터들은 머리에 떠오른 생각을 하나도 남김없이 워드 프로그램이나 스마트폰, 노트 등에 적는 습관을 갖고 있습니다.

그런데 의외로 카피라이터에 대해서 다르게 생각하는 사람들이 꽤 많습니다. 한 친구가 카피라이터에 대한 이미지를 말해주었는데 무심결에 웃음이 터져 나왔습니다.

"눈을 지그시 감고 생각하다가 불현듯 눈을 번쩍 뜨고 펜을 꺼내 일필휘지로 광고 카피를 써 내려간다."

이렇게 간단하게 카피를 쓸 수 있다면 더 이상 바랄 게 없겠지요. 그동안 업무상 여러 명의 카피라이터를 만났는데, 유감스럽게도 이렇게 일하는 사람은 본 적이 없습니다.

카피라이터는 초짜이든 베테랑이든 수많은 문장을 씁니다. 왜냐하면 문장은 일단 머릿속에서 꺼내보지 않으면 좋은지 나쁜지 판단할 수 없기 때문입니다.

카피라이터는 글을 쓰는 게 일입니다. 수많은 프로젝트를 동시에 끌어안고 진행합니다. 문득 좋은 글이 떠올라 카피 하나를 썼다고 해서 크게 기뻐할 일이 아닙니다.

안정적으로 꾸준하게 좋은 광고 문안을 써내야 하기 때문입니다. 그러기 위해서 우선 머릿속에 있는 것을 몽땅 꺼내 문장으로 가시화합니다. 그 안에서 좋은 것을 고릅니다.

카피라이터는 이 작업을 철저하게 시행합니다. 이렇게 설명하면 반문하는 사람이 있을지도 모르겠습니다.

"그건 광고 문안을 쓰는 방식이지 설명의 기술과는 아무런 관계가 없잖아요?"

그렇지 않습니다. 바디 카피를 만드는 방법을 이야기하면 납득이 되실 겁니다. 바디 카피란 헤드 카피 뒤에 이어지는 긴 설명문을 말합니다. 포스터나 신문광고에서 흔히 보듯, 굵직하고 짧은 문장 다음에 이어지는 긴 문장입니다.

이 바디 카피를 어떻게 만들까요? 우선 헤드 카피를 가능한 한 많이 만듭니다. 그 다음 헤드 카피로 선택하지 않은 표현을 이어붙입니다. 이런 방법으로 바디 카피를 작성하는 카피라이터가 수두룩합니다.

바디 카피는 한 문장을 읽으면 다음 한 문장도 읽고 싶게 써야 한다고 햇병아리 카피라이터 시절부터 배웁니다. 조금이라도 흥미가 떨어지는 문장이 나오면, 사람들은 광고를 계속 읽지 않습니다.

장황하게 늘어만 놓아서는 안 됩니다. 헤드 카피처럼 상대를 잡아당기는 예리한 말을 풍성하게 사용해서 문장을 만들어야 합니다. 그렇게 해야 읽다가 딴전을 부리지 않는 바디 카피를 만들 수 있습니다.

이는 여러분이 무언가를 설명할 때도 사용할 수 있는 방법입니다. 우선 머릿속에서 설명하기 위해 필요한 요소를 전부 꺼내놓으세요. 그 다음에 냉철하게 그 문장이 필요한지 필요 없는지를 판단하고, 핵심적인 내용만 사용해서 문장을 만듭니다.

이렇게 하면 간결하고 쓸데없는 내용이 없는 알찬 설명을 할 수 있습니다.

```
2
장

○

정
리
```

○ 짧게 쓰는 습관이 간결한 설명의 기본이다.

○ 업무 메일은 나의 설명 습관을 객관적으로 평가할 수 있는 좋은 자료다.

○ 듣는 사람이 평소에 즐겨 쓰는 표현을 사용하면 전달력을 높일 수 있다.

○ 우선 떠오른 생각을 모조리 쓰고 나서 타깃 사고를 활용해 필요 없는 내용을 하나하나 없앤다.

셀링 포인트의 최단 경로를 파악하는 카피라이터의 노하우

길을 찾아가는 모습을 상상해보세요.
목적지를 알고 있어도
거기까지 가는 경로를 모르면
도착할 수 없습니다.
설명도 마찬가지입니다.
3장에서는 구성요소를 가시화해서
설명의 지도를 그리고
타깃 사고로 최단 경로 찾는 법을 소개합니다.
무엇을 어떻게 전달해야 할지 정리가 되면
더 이상 설명하는 게 두렵지 않을 겁니다.

설 명 이
서 툰 사 람 들 이
모 르 는
한   가 지

먼저 설명을 어려워하는 사람들은 왜 그러한지 이유부터 알아보겠습니다. 무엇보다 설명이라는 말만 들으면 넌더리를 내는 습관적인 반응을 극복하는 게 우선이기 때문입니다.

저는 신입사원이었을 때 회의 자리에서 설명을 하기 시작하면 무슨 말을 하는지 잘 모르는 상태에서 장황하게

말을 늘어놓다가 "이제 됐어요"라고 강제로 말허리를 잘
리곤 했습니다. 사람들이 저를 안타까운 시선으로 바라
보는 그 시간이 너무 싫었습니다.

설명을 극도로 어려워하는 사람들에게는 공통점이 있
습니다. 바로 자신이 설명하는 내용을 제대로 파악하지
못하고 있다는 점입니다.

이런 말을 하면 대다수의 사람들은 "말도 안 돼"라며 고
개를 젓습니다. "마음을 차분하게 가라앉히고 말하면 잘
할 수 있지만, 긴장해서 설명을 못 하는 것"뿐이라고 반박
합니다.

그렇게 생각하는 것도 십분 이해합니다. 저 역시 처음
에는 설명을 잘하지 못하는 이유가 긴장을 한 탓이라고
생각했습니다. 하지만 사실은 그렇지 않았습니다.

설명이 서투른 사람은 대체로 설명에 필요한 내용을 파
악하지 못하고 있는 경우가 많습니다. 예컨대 직원 A가
상사에게 프로젝트의 진척 상황을 보고해야 한다고 합시
다. 상사 앞에 서서 "프로젝트에 대해 말씀드리자면"이라
고 입을 뗍니다.

그렇지만 생각과는 달리 제대로 설명할 수가 없습니다. 말문이 막히고 식은땀이 흐르고 상사는 의아스러운 눈으로 쳐다봅니다. '아 어떡하지'하며 속이 타들어가지만 이미 돌이킬 수 없습니다.

'프로젝트 보고'는 말은 간단해도 아래와 같은 여러 요소로 구성돼 있습니다.

1. 프로젝트에 관한 회사 내의 상황
2. 프로젝트에 관해서 현재 다른 부서가 의뢰한 것
3. 상사가 파악해두어야 할 점
4. 외부업체에 의뢰해둔 일의 진행 상황
5. 상사가 참석하지 않은 미팅에서 합의된 점

그런데 A는 '프로젝트 보고를 한다'는 설명의 큰 틀은 알고 있어도, 그 안에 무수히 많은 설명의 구성요소를 파악하고 있지 못했던 것입니다. 1번에서 5번 가운데, 무엇을 설명하고 무엇을 생략해야 하는지 정리하지 못한 것이죠.

수없이 많은 설명의 구성요소에서 무엇과 무엇을 연결하면 상대를 이해시킬 수 있는지 모르는 것입니다.

길을 찾아가는 모습을 상상해보세요. 목적지를 알고 있어도 거기까지 가는 경로를 모르면 목적지에 도착할 수 없습니다.

A는 경로를 모른 채 걷기 시작해 지금 어디쯤 와 있는지 몰라 우왕좌왕하고 있는 격입니다. 즉, 설명을 하다 길을 잃고 멈춰버린 상태입니다.

설명이 길어지는 원인

이야기가 길어지는 이유도 이와 같습니다. 말을 장황하게 늘어놓는 사람은 자신이 설명하는 내용을 제대로 파악하지 못하고 있을 때가 많습니다. 그때그때 떠오르는 대로 설명을 하니, 결론에 도달하지 못하는 것입니다.

이야기가 길고 좀처럼 끝나지 않는 유형은 우선 목적지

를 향해서 걷기 시작합니다. 그런데 목적지까지 가는 길이 전혀 보이지 않기 때문에 몇 번이고 같은 길을 지나갑니다. 가지 않아도 되는 길을 걷다 보니 목적지에 도착하지 못합니다.

길게 설명하는 사람은 언뜻 보면 설명하는 것을 전혀 어려워하지 않는 것처럼 보입니다. 하지만 내심 전전긍긍하고 있는 것일 때가 많습니다.

"깔끔하게 요약해줘서 고마워."

저는 미팅에서 다른 사람의 이야기를 짧게 정리해주고 이처럼 감사의 말을 들을 때가 많습니다. 처음에는 이런 인사말을 듣는 게 의외였습니다.

줄곧 설명이라면 자신이 없었고 만족스럽게 말을 하지 못했던 기간이 길었기에 숨 쉴 새 없이 길게 설명하는 사람을 꽤 오랫동안 동경했기 때문입니다. 장황하게 말을 늘어놓는 사람은 언변이 뛰어나고 조리 있게 이야기하는 것처럼 보였습니다.

그런데 간결한 설명이 중요해지면서 아무래도 이건 바람직한 모습이 아닌 것 같다는 생각을 갖게 되었습니다.

'길게 이야기하는 데는 자신 있지만 짧게 정리할 수는 없는' 사람도 의외로 많았습니다.

설명하는 내용을 제대로 파악하지 못하고 있으면 어떻게 매듭을 지어야 할지 모르기 때문에 말이 계속 이어지게 됩니다.

설 명 할   내 용 을

잘 게   쪼 개 면

설 명 의

경 로 가   보 인 다

그럼 설명하고자 하는 내용을 훤히 꿰뚫으려면 어떻게 하는 게 좋을까요? 말할 내용을 분해하면 문제를 해결할 수 있습니다.

업무 노하우 중에 "규모가 큰 일은 작게 분해하라"라는 방법이 있습니다. 낱낱이 나눠놓지 않으면 무엇부터 해야 할지 몰라서 엄두가 나지 않는 법입니다.

가령 시장조사 자료를 정리하는 업무라면 조사할 항목을 정한 다음 자료를 찾고, 보고할 내용을 정리한 후, 보고서를 작성하면 됩니다.

이렇게 업무를 잘게 나눠 해야 할 일을 훤히 꿰게 되면 일을 한결 효율적으로 할 수 있습니다. '분해한다'는 것은 바꾸어 말하면 '길을 알게' 되는 것입니다.

예를 들어 서울에서 인천까지 가는 경우를 생각해보겠습니다. 지도 앱에서 전국 지도를 선택하면, 어떻게 인천에 가야 하는지 알 수 없습니다. 하지만 수도권으로 지도를 확대하여 도로가 눈에 들어오면, 실제 어디를 거쳐야 하는지를 알게 되고, 인천까지 가는 길도 파악할 수 있습니다.

설명도 이와 같습니다. 설명하는 내용을 막연하게 뭉뚱그려 생각하면 구체적으로 무엇을 설명하면 좋을지 잘 모를 수밖에 없습니다.

이런 상태에서는 설명하는 일 자체가 두렵습니다. 조심조심 설명을 하기 시작해도 뭘 말하고 있는지 모르거나 말하는 도중에 오도 가도 못하게 됩니다.

우선 전체 설명을 '세세한 설명들의 합'이라고 인식하고, 설명하려는 내용을 분해해보세요.

설명을 잘게 나누다 보면 언급해야 하는 요소, 곧 상대의 고개를 끄덕거리게 할 수 있는 경로가 눈에 들어옵니다. 이렇게 설명의 경로가 보이면 전달력이 크게 높아집니다.

구성요소 가시화하기

제가 처음 설명의 법칙을 깨닫게 된 것은 "카피라이터로서 하고 있는 일을 설명할 때 활용하면 좋지 않을까?"라고 불현듯 생각했기 때문입니다.

이 기술은 앞에서 한번 소개한 적이 있는데요. 머릿속에 떠오른 생각을 전부 꺼내놓고 가시화하는 습관을 말합니다.

카피라이터로서 제가 평소에 하고 있는 일은 단순합니다. 설명에 필요한 요소를 하나도 빼놓지 않고 써 내려갑니다. 단지 이것뿐입니다.

저도 어떻게 하면 설명을 잘할 수 있을까 오랜 기간 고민했던 사람이기에 여러 가지 방법을 시도해보았습니다. 설명에 관한 책도 숱하게 읽었지요.

책에 소개되어 있는 복잡한 설명법을 읽다 보면 책장을 넘길 때는 고개를 끄덕이게 됩니다. 하지만 나중에 알려준 틀을 따라 해보려고 하면 오래 지속하기가 어려웠습니다. 설명에 필요한 다섯 가지 법칙을 머릿글자로 소개한 전략도 금세 잊어버리고 맙니다.

헤드 카피의 아이디어를 짜낼 때도 보다 쉬운 방법을 찾기 위해 온갖 것을 시도해봤지만, 결국은 단순하게 조목조목 나열하는 방법으로 돌아왔습니다.

복잡한 방법은 습관이 되기 어렵습니다. 그래서 저는 설명에 사용하는 기술도 단순히 나열하는 방법을 활용한 '구성요소 가시화하기'로 결정했습니다.

노트든 스마트폰이든 컴퓨터든 상관없습니다. 오히려 어디에 쓰는지 구애받지 않는 편이 좋습니다. 쓰는 방법도 딱히 정해져 있지 않고요.

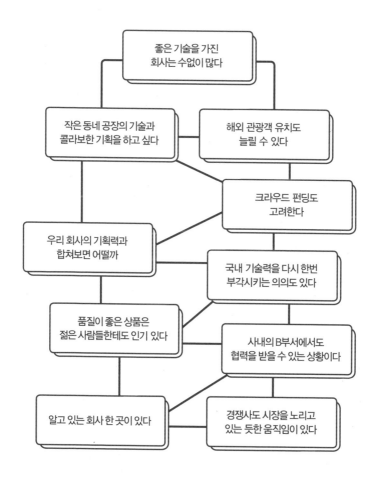

구성요소를 낱낱이 꺼내면 설명의 경로가 눈에 들어온다

설명이 요구되는 상황은 무척 다양하기 때문입니다. 컴퓨터를 사용할 수 있는 경우도 있으며, 메모지에 빠르게 써야 하는 때도 있습니다. 다만 형식은 되도록 단순한 편이 좋습니다.

설명의 구성요소 가시화하기는 설명의 지도를 그리는 작업과 같습니다. 우선 설명을 훤히 꿰기 위해 어떤 요소가 필요한지 생각나는 대로 적습니다. 그러면 설명으로 가는 길이 눈에 들어옵니다.

타깃 사고로
설명에
필요한 요소만
고르는 법

설명의 구성요소를 샅샅이 꺼내놓고 난 뒤에는 '고르는' 작업을 합니다. 단순하게 나열해놓기만 하면 모든 경로를 소개한 상태에 불과합니다.

서울에서 인천으로 갈 때도 전철을 타고 가는 방법, 자동차를 몰고 가는 방법 등이 있습니다. 전철을 타고 간다면 어떤 노선을 사용하고, 어디에서 갈아 타는지에 따라

3장 | 설명의 최단 경로를 파악하는 카피라이터의 노하우

0
7
9

가는 방법이 여러 가지입니다.

일단 설명에 필요할 것 같은 요소를 모조리 써서 가시화하면 설명의 지도가 준비됩니다. 거기에서 필요한 내용만 골라내면 한마디로 상대를 이해시킬 수 있는 설명의 최단 경로가 완성됩니다.

그러면 무작위로 써놓은 설명의 요소 중에서 무엇을 기준으로 내용을 골라내면 좋을까요? 이때 타깃 사고를 사용하면 좋습니다.

이를테면 상사에게 새로운 프로젝트를 제안한다고 생각해봅시다. 프로젝트의 의의를 우선하는 상사라면 사회적 의의부터 설명하는 편이 바람직합니다.

수치를 중요하게 생각하는 상사라면 프로젝트와 관련된 시장 규모부터 보고하는 편이 좋습니다. 상대에 따라 설명의 구성요소를 다르게 하는 겁니다.

설명의 요소를 모두 꺼내놓고 필요한 내용을 선택하는 단계를 밟아나가면 어느새 상대의 머릿속에 메시지를 가장 빨리 전달할 수 있는 기반이 만들어집니다. 단순한 방법이지만 상사의 입장에서는 간결하고 정확한 보고만큼

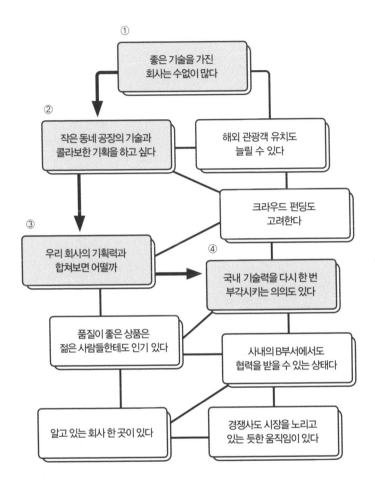

① 좋은 기술을 가진 회사는 수없이 많다

② 작은 동네 공장의 기술과 콜라보한 기획을 하고 싶다

해외 관광객 유치도 늘릴 수 있다

크라우드 펀딩도 고려한다

③ 우리 회사의 기획력과 합쳐보면 어떨까

④ 국내 기술력을 다시 한 번 부각시키는 의의도 있다

품질이 좋은 상품은 젊은 사람들한테도 인기 있다

사내의 B부서에서도 협력을 받을 수 있는 상태다

알고 있는 회사 한 곳이 있다

경쟁사도 시장을 노리고 있는 듯한 움직임이 있다

**타깃 사고를 활용하면 상대에 따라 어떤 요소를
어떤 순서로 설명해야 하는지 일목요연하게 알 수 있다**

고마운 것도 없습니다.

　높은 자리에 있을수록 여러 가지 안건을 동시에 진행하기 때문에 "이 사람의 설명은 짧고 알기 쉽다"라는 인상을 주면 좋은 평가를 받을 수 있습니다.

가시화 –
선택 –
조합으로
설명의
최단 경로 찾기

좀 더 구체적으로 설명의 구성요소 가시화하기를 활용하는 법을 알아보겠습니다. 가령 5분 뒤에 자기소개를 해야 하는 상황이라고 합시다.

이럴 때는 먼저 3분 정도 자기소개의 구성요소를 씁니다. 여기에서는 제조회사 영업부서에서 근무하는 A를 예로 들어 내용을 작성해보겠습니다.

⏐ 제조회사에서 일하고 있다.

⏐ 입사한 지 3년 되었다.

⏐ 영업 부서에서 근무한다.

⏐ 최근 사내의 신입사원상을 받았다.

⏐ 취미는 다트.

⏐ 대학은 이공계.

⏐ 고향은 구마모토.

⏐ 좋아하는 음식은 말고기 회.

만약 사내 연수에서 하는 자기소개라면 앞에 조목조목 나열해놓은 요소 중에서 같은 회사 사람을 타깃으로 설정하고 필요한 내용을 선택해서 발표하면 됩니다.

⏐ 입사 3년 차며 영업을 담당하는 A라고 합니다. 작년에 사내
　의 신입사원상을 받았습니다. 이공계 전공이라 논리적인 능
　력에는 자신이 있습니다. 잘 부탁드립니다.

다트가 취미이고 말고기 회를 좋아하는 것은 회사에서

발표하는 자기소개에서는 그리 중요하지 않습니다. 또한 같은 회사에서 일하는 사람들이 대상이기 때문에 당연히 자신의 직장을 소개할 필요도 없습니다.

자기소개를 하면서 불필요한 내용을 늘어놓으면 상대방이 지루해할 수 있습니다. 이야기의 내용도 산만해지기 쉽고요.

회사 밖 모임에서 자기소개를 하는 경우에는 어떨까요? 이번에는 아래와 같이 내용을 조합해보았습니다.

> A입니다. 제조회사에서 영업을 하고 있습니다. 구마모토 현이 고향이며, 그렇기 때문에 말고기 회를 무척 좋아합니다. 컴퓨터어 대해서는 환히 꿰고 있습니다. 혹시 오류가 생기면 언제라도 연락주세요.

이와 같이 회사에서 소개할 때와는 전혀 다른 내용을 전달할 수 있습니다.

일단 설명의 내용을 나열해서 가시화화면 상황에 따라 다르게 구성해 사용할 수 있습니다.

최단 경로로 설명하는 방법은 단순합니다.

1. 구성요소를 모조리 가시화한다.
2. 듣는 사람이나 상황에 맞춰 말하는 내용을 '선택'한다.
3. 선택한 말을 '조합'한다.

특히 중요한 것은 첫 번째 단계입니다. 암기할 때도 실제 쓰면서 외우는 편이 기억하기 쉽듯이 설명의 구성요소도 일단 써놓으면 사용하기 쉬워집니다.

구성요소를 나열해서 뽑아내는 방법은 매우 편리하기 때문에 기본적으로 저는 모든 설명에 구성요소 가시화하기를 활용합니다.

140자 트위터든 30분 프레젠테이션이든 1만 자가 넘는 글이든 방법은 같습니다. 이를테면 불과 140자라고 해도 1문장 20자로 구성하면 7개의 내용을 다룰 수 있습니다.

똑같은 140자라도 전혀 울림이 다른 글이 있습니다. 이는 140자 안에 내용이 함축되어 있느냐 아니냐로 결정됩니다.

글의 주제를 결정하면 내용의 구성요소를 일단 생각나는 대로 모두 쓰세요. 그러고 나서 나열한 내용 가운데 중요하지 않은 부분은 버립니다. 남은 요소를 연결하고, 문장을 곱씹어보고 다시 한번 뺄 걸 빼고 나면 간결하면서도 내용이 알찬 글이 완성됩니다.

언뜻 귀찮게 여겨질지 모르지만 익숙해지면 머릿속에서 무엇을 쓸까 고민하면서 적는 것보다 한결 빨라집니다.

가 장
———
효 과 적 인
———
프 레 젠 테 이 션
———
작 성 법
———

저는 30분짜리 프레젠테이션을 준비할 때도 기본적으로 메모 앱에 구성요소를 단순 나열합니다. 그렇게 해서 대략적인 내용이 눈에 들어오면 그때 파워포인트를 엽니다.

광고를 만들다 보면 프레젠테이션을 밥 먹듯이 하게 됩니다. 그렇기 때문에 제 주위에는 프레젠테이션의 달인

들이 수두룩한데 대다수가 구성요소를 가시화하는 일부
터 시작합니다.

이들은 한결같이 이구동성으로 "다짜고짜 파워포인트
를 열고 프레젠테이션 자료를 만들려고 하면 시간이 훨씬
오래 걸린다"라고 말합니다.

무작정 파워포인트를 열어보았자 설명의 경로가 보이
지 않으면 첫 슬라이드에 어떤 요소를 넣어야 할지 감도
잡히지 않습니다.

그런 상태에서 프레젠테이션을 작성하기 시작하면 슬
라이드를 한 장 만들 때마다 어떤 요소를 넣을까 고민하
게 됩니다. 그래서 시간이 걸리는 것이지요.

프레젠테이션 자료를 만들기 전에 우선 노트나 메모장
에 구성요소를 모조리 나열해보세요. 그 다음에 듣는 사
람에게 필요해 보이는 요소만 남깁니다. 설명하는 순서
도 전달되기 쉽게 바꿔보세요.

이와 같이 설명의 경로를 전부 가시화한 다음에 조목
조목 나열해놓은 요소들을 적절하게 배치합니다. 이렇게
하면 상대에게 전달하기 쉬운 자료를 빠르게 만들 수 있

습니다.

저는 2만 자가 넘는 긴 글을 쓸 때도 구성요소 나열부터 시작합니다. 즉, 목차를 쓰는 셈입니다.

글의 구성요소를 조목조목 써놓고, 내용을 훤히 꿰뚫을 수 있을 때까지 충분히 생각하고 나서 글을 씁니다. 얼핏 2만 자라고 하면 써야 할 양이 많다고 느껴질지 모르지만, 50개 항목을 생각해서 나열하면 그 다음에는 각 항목당 400자씩만 쓰면 됩니다.

이런 방법을 활용하면 글에 대한 부담이 줄어서 보다 쉽게 글을 쓸 수 있게 됩니다.

만약 구성요소가 지나치게 많다면

수십 초에 끝나는 짧은 자기소개든 30분짜리 프레젠테이션이든, 말로 표현하든 글로 표현하든, 설명의 범주에 들어가는 것은 모두 구성요소 가시화부터 시작하면 쉽게 해낼 수 있습니다.

내용을 전부 꺼내놓고, 그 다음 중요하지 않은 요소는 버리고, 필요한 내용만 남겨놓으세요. 이렇게 하면 상대에게 친절하게 설명할 내용을 전달할 수 있는 최단 경로가 드러납니다.

간혹 프레젠테이션이나 긴 문장 등을 작성할 때 구성요소를 조목조목 적어놓기만 하면 불편하게 느껴질 수 있습니다. 자칫 산만해질 수 있기 때문입니다.

그럴 때는 '계층 구조'로 항목을 나열하면 편리합니다. 책의 차례로 말하자면, 1장 안에 여러 항목을 구성하는 것입니다. 저는 보통 1장, 1절, 1항 등으로 계층화합니다.

예컨대 청량음료 광고에 관한 프레젠테이션이라면 다음과 같이 정리할 수 있습니다.

ㅇ과제

  : 브랜드에 대해서

   - 맛있지만 인지도가 낮다.

   - 마시는 상황이 한정되어 있다.

길에 비유하자면 '목적지 → 대략적인 방향 → 실제 이
용할 도로'와 같이 점점 더 내용을 구체화하는 것입니다.
이렇게 하면 좀 더 정리된 상태로 가시화할 수 있습니다.

복 잡 한
─────────
설 명 에 는
─────────
계 층 적 구 조 를
─────────
활 용 하 자
─────────

　　기본적으로 어떤 설명이든 구성요소를 가시화
해서 초안을 잡고 긴 글은 계층적 구조로 구성요소를 분
리해서 정리하면 좋습니다.

　　계층화를 해서 세밀하게 내용을 쓰다 보면 궁극적으로
거의 완성된 형태의 글이 나옵니다. 요컨대 '설명의 원고'
가 만들어집니다.

중요한 설명이라면 완성된 형태의 문장이 될 때까지 세세하게 계층화를 하는 편이 좋습니다. 그 외에는 안심이 되는 선까지 구체적으로 내용을 적으면 됩니다.

이를테면 친구와 술집에서 잡담을 하는데 굳이 이야기할 내용을 미리 정리해둘 필요는 없겠지요? 회사에서도 편한 선배라면 가볍게 대화하듯이 설명해도 됩니다.

한편 긴장이 되는 상황이라면 되도록 내용을 구체적으로 적는 편이 바람직합니다. 상사에게 중대한 상담을 하거나 절대로 실수해서는 안 되는 프레젠테이션을 할 때는 "이 정도 선까지 파악하고 있으면 자신 있게 설명할 수 있겠다"라고 확신이 들 때까지 세밀하게 적기를 권합니다.

운전을 할 때도 익숙한 거리라면 굳이 내비게이션을 켜지 않아도 안심하고 갈 수 있습니다. 하지만 처음 방문한 도시에서는 어떤가요? 한 블록만 잘못 들어서도 엉뚱한 곳으로 빠지기 십상입니다. 내비게이션을 켜고 일일이 길을 확인하면서 신중하게 가야겠지요.

설명의 구성요소 가시화하기 역시 타깃을 확인하고 그 수준을 결정해야 합니다. 상황이나 상대에 맞춰서 어디까지 파악하고 있으면 더듬거리지 않고 설명할 수 있을지 고민해보고, 사전에 조목조목 구성요소를 적어놓고 설명을 시작해보세요.

글을 쓰다가 막혀서 앞으로 나가지 못하고 있다면 다시 차근차근 구성요소를 꺼내놓는 작업부터 시작하면 됩니다.

한 달만 구성요소 가시화하기를
훈련해보자

지금까지 내용을 읽고 "설명을 하기 전에 항상 구성요소를 가시화하라고? 그거 쉽지 않은 일인데"라고 걱정하는 분이 있을지 모르겠습니다.

사실 일단 이 습관이 몸에 배면 모든 항목을 나열해 적지 않아도 머릿속에서 필요한 항목만 꺼내 쓸 수 있게 됩니다. 새로운 동네로 이사를 갔을 때 처음에는 자주 길을 헤매지만 차츰 익숙해지면 그 횟수가 줄어드는 것과 같습니다.

머릿속에서 필요한 항목만 꺼내 쓰는 모습은 카피라이터의 세계에서 흔히 볼 수 있는 일입니다. 신입사원일 때는 100여 개 정도의 광고 카피를 쓰지만 베테랑이 되면 30여 개 정도만 만들어도 됩니다.

이는 카피 100개를 생각하지 않는 것이 아니라 머릿속에서 100개를 생각하고 필요 없는 내용은 바로 버리기 때문에 밖으로 꺼내는 항목이 줄어드는 것입니다.

여러분도 우선 '머릿속에서 꺼내놓는' 습관이 몸에 배면, 나중에는 입에서 나오는 말이나 메모장에 쓰는 글 자체가 완성된 설명의 형태로 나올 것입니다.

우선 한 달만 훈련이라고 생각하고 설명의 구성요소를 가시화해보세요. 이렇게 설명을 간결하게 하는 습관을 들이면 입에서 나오는 말도 자연스럽게 간결해집니다.

○ 설명이 서투른 사람은 자신이 설명하는 내용을 제대로 모르고 있을 때가 많다.

○ 무심코 이야기가 길어지는 것도 설명의 구성요소를 파악하지 못해서다.

○ 설명의 내용을 잘게 분해하고 정리하면 간결한 설명의 토대가 만들어진다.

○ 우선 설명의 구성요소를 조목조목 나열해 가시화한다.

○ 타깃 사고로 필요한 내용만 골라낸다.

○ 항목이 많으면 구성요소를 계층적 구조로 분리한다.

○ 중요한 설명일수록 완성된 형태의 문장으로 세세하게 항목을 만든다.

○ 한 달만 설명의 구성요소 가시화하기를 연습해보자.

4장

설명의 속도를 높이는 표현들

광막디로 정리해야 하는 순간은 반드시 온다

3장에서는 설명의 구성요소를
간결하게 정리하는 방법을 소개했습니다.
이제 설명할 때 무엇을 말하면 좋을지
모르는 일은 없을 것입니다.
하지만 듣는 사람으로 하여금 설명을 끝까지
듣게 할 수 있느냐 아니냐의 여부는 또 다른 문제입니다.
지금까지 이야기한 내용은 설명의 기본에 해당합니다.
설명을 한층 높은 수준으로 향상시키기 위해서는
좀 더 다양한 기술을 사용할 필요가 있습니다.
지금부터는 상대가 설명을 보다 쉽게 이해하게 도와주는
표현 만드는 방법을 알아보겠습니다.

"요점은
세 가지입니다"가
더 이상
통하지 않는
이유

    당신은 지금 팀장에게 프로젝트의 진척 상황을 설명하고 있습니다. 빠트린 것 없이 성실하게 이야기하고 있는데 상사는 아무래도 이해가 되지 않는지 이마에 내 천(川) 자를 쓰고 있습니다.

    결국 제대로 내용을 전달하지 못한 채 보고를 마치고 말았습니다. 머릿속 생각이 그대로 상대에게 전달되면 얼마나 좋을까요?

사람과 사람의 의사소통은 이만저만 어려운 게 아닙니다. 말만 통하면 무엇이든 전달할 수 있을 것 같은데 실상 아무것도 전달되지 않는 경우가 더 많습니다.

하지만 이는 어쩔 수 없는 일입니다. 누구도 다른 사람의 머릿속을 엿볼 수 없습니다. 유감스럽게도 당신의 말이 그대로 상대에게 전달되는 일은 일어날 수 없습니다.

그렇기 때문에 자신이 머릿속에서 조립한 설명의 경로를 상대와 공유해야 합니다. 상대의 머릿속에 설명의 지도를 그리는 대표적인 방법 중에 '요점은 세 가지입니다'라는 표현이 있습니다.

"요점은 세 가지입니다"라고 처음에 말하면, 말하는 사람과 듣는 사람의 머릿속에 '이제부터 세 가지 설명이 시작된다'라는 공통 인식이 생깁니다. 그래서 상대도 이야기를 정리해서 듣기 쉬워진다는 논리입니다.

저는 '요점은 세 가지입니다'라는 설명 기술은 지난 시대에는 훌륭한 방법이었다고 생각합니다. 길에 비유한다면 미리 길을 안내해주는 교통 표지판과 같지요. 서울에서 부산을 가는데 도로 위에 부산까지 거리를 알려주는 안내 표지판이 있으면, 안심하고 운전을 합니다.

이와 같이 설명을 할 때도 '요점은 세 가지입니다'라고 미리 말해주면, 듣는 사람이 '이제부터 요점 ①→요점 ②→요점 ③의 순서로 설명이 진행되는구나'라고 준비를 할 수 있습니다.

다만 세 가지 포인트는 '간결한 설명이 요구되는 시대'라는 관점에서 생각하면, 치명적인 단점이 있습니다. 듣는 사람이 "요점이 세 가지나 있다고? 너무 많은데"라고 생각할 수 있기 때문입니다.

또한 쓸데없는 정보를 듣고 싶어 하지 않는 요즘 사람들을 상대로 '요점은 세 가지입니다'라고 말하는 것은 "이제부터 전달하는 세 가지 정보를 모두 들어주세요"라고 선언하는 것과 같습니다. 지레 부담을 느끼고 듣고 싶지 않다고 생각할 수 있습니다.

물론 이 표현이 쓸모 있게 쓰이는 상황이 있습니다. 유명인의 강연회처럼 그곳에 모인 대부분의 사람이 설명을 귀 기울여 듣는 경우라면 이 표현이 잘 먹힙니다.

다만 이미 너무 많은 정보를 접해서 머릿속이 복잡한 사람에게 '요점은 세 가지입니다'라고 말하는 것은 컴퓨터나 스마트폰의 용량이 꽉 차 있는데 무거운 파일이 첨부된 메시지가 도착해서 "다운로드를 하시겠습니까?"라고 묻는 것과 같습니다.

게다가 듣는 사람 입장에서는 그 내용이 도움이 될지 안 될지 모르는 상황입니다. 저라면 귀찮아서 '아니오'를 선택할 것 같습니다.

설 명 의 방 향 을
안 내 하 는
투 명 표 지 판
세 우 기

　　카피라이터는 수많은 광고가 넘쳐나는 가운데 사람들이 봐준다는 보장이 없음에도 불구하고 광고를 만듭니다.

　　광고에서 '요점은 세 가지입니다'와 같은 표현을 사용하는 경우는 없습니다. 이유는 간단합니다. 광고에서 이런 표현을 쓰면 끝까지 읽지도 듣지도 않기 때문입니다.

사람들이 설명에 귀 기울이게 만들려면 어떻게 해야 할까요? 사실 듣는 사람 모르게 무심결에 상대의 머릿속에 설명의 지도를 그릴 수 있는 방법이 있습니다.

다름 아닌 '투명 표지판 세우기' 기술입니다. 앞에서 '요점은 세 가지입니다'라는 표현은 서울에서 출발했을 때 앞으로 몇 킬로미터 더 가면 부산에 도착하는지를 설명해주는 안내 표지판과 같은 것이라고 말했습니다.

이는 드러내놓고 '설명 ①→설명 ②→설명 ③'이란 경로를 지나서 이야기가 진행된다는 정보를 알려주는 것입니다. 이와 반대로 보이지 않게 상대의 머릿속에 설명의 경로를 그리는 것이 투명 표지판 세우기입니다.

상대가 모르게 은밀히 설명의 경로를 만들 수 있기 때문에 '투명'이라는 단어를 붙였습니다. 햇병아리 카피라이터이던 시절 저는 하나의 계기로 인해 투명 표지판을 발견하게 되었습니다.

카피라이터는 철저히 실력으로 평가받습니다. 팀 미팅에서 자신이 제출한 광고 문안이 좋다고 인정받지 못하면 고객에게 제안할 수조차 없습니다.

신입사원일 때 저는 선배들이 사용하는 표현을 빠트리지 않고 관찰했습니다. 선배가 작성한 광고 카피는 물론이고 주변에 난무하는 다양한 광고, 심지어 옛날 광고에 이르기까지 수많은 표현을 유심히 살펴보았습니다.

그 결과 카피라이터에게는 즐겨 사용하는 단어가 있다는 것을 깨달았습니다. 그것은 강요하는 느낌 없이 가장 짧고 간결하게 메시지를 전달해야 했던 광고 카피의 DNA와 같은 것일지도 모릅니다.

이는 상대의 머릿속에 자연스럽게 "이와 같은 경로로 설명할 거예요"라고 안내하는 단어들입니다.

한 단어로 만드는 투명 표지판

그러면 지금부터 구체적으로 투명 표지판을 만드는 방법을 소개하겠습니다. 단 한 단어만으로도 서로의 머릿속에 같은 설명 경로가 떠오르게 할 수가 있습니다.

방법은 간단합니다. 서두에서 여러분이 주장하고 싶은

말에 지금부터 소개하는 단어를 덧붙이면 됩니다.

이 단어들은 광고의 헤드 카피와 같은 역할을 합니다. 그야말로 '설명에 헤드 카피를 붙이는' 격입니다. 상대의 마음을 한순간에 사로잡고, 단박에 상대의 머릿속에 설명의 경로를 만들고, 그 뒤에 이어지는 설명을 자연스럽게 받아들이기 쉽게 해줍니다.

자, 그럼 구체적으로 투명 표지판 세우기 기술을 살펴볼까요?

과거에서 미래로 가는 '시대'

이를테면 제가 "간결한 설명이 필요한 시대입니다"라고 운을 떼었다고 합시다. 그러면 이 말을 듣는 사람은 어떤 설명의 경로를 떠올리게 됩니다.

바로 '① 지나간 시대 → ② 다가오는 시대'로 이어지는 설명입니다. 말하는 사람도 이 길을 따라가면서 이야기합니다.

│ 간결한 설명이 필요한 시대입니다. ① 정보량이 적었던 예전에는 사람들이 길게 설명해도 받아들이는 여유가 있었습니다. 하지만 ② 정보가 넘쳐나는 요즘에는 간결하게 설명하지 않으면 애초에 상대의 머릿속에 스며들 수 없습니다.

이와 같이 첫마디에 '~한 시대입니다'라는 투명 표지판을 세우면, 듣는 사람은 무의식적으로 '① 지나간 시대 → ② 다가오는 시대'로 연결되는 '설명의 경로'를 예상하게 됩니다.

왜냐하면 '시대'라는 단어에는 과거에서 현재까지 시간이 흘러가는 이미지가 포함되어 있기 때문입니다.

또한 말하는 사람도 설명의 경로를 의식하면서 이야기하므로 내용을 전달하기가 한결 쉬워집니다. 자연스럽게 경로를 따라 말하는 것이죠.

이 한마디, 불과 3초면 됩니다. 서두에 '시대'라는 표현 하나를 덧붙이는 것만으로도 설명을 하기도 쉬워지고, 듣는 사람 입장에서도 내용을 편하게 받아들일 수 있습니다.

더 나아가 '시대'라는 키워드는 특히 변화가 심한 현대 사회에서 매우 유용한 표현입니다. 1년은 고사하고 몇 개월 아니 며칠 사이에 트렌드가 바뀌고는 합니다. 이런 세상에서 사람들은 자연스럽게 지금 유행하는 게 무엇인지를 파악하는 데 신경을 곤두세웁니다.

따라서 어떤 시대인지 알려주는 이야기는 가치 있는 정보라고 느껴지며, 거기에 항상 귀를 기울이고 싶다는 욕구를 갖게 합니다.

SNS나 웹의 게시글 등에서도 설명을 잘하는 사람은 '시대'라는 단어를 사용해서 사람들의 마음을 사로잡고 메시지를 간결하고 분명하게 주장합니다.

"지금은 어떤 시대일까?"라고 생각하는 습관이 생기면 이와 관련된 자료를 저장해두는 데도 도움이 됩니다.

오늘이 어떤 시대인지 궁금해하는 사람들의 주의를 끌 수 있게 적극적으로 '시대'라는 키워드를 의식하면서 정보를 수집해보기 바랍니다.

'요점은 세 가지입니다'의 경로 표지판

'～인 시대이다'의 투명 경로 표지판

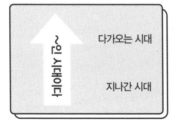

문제와 해결책을 연결하는 '도전'

다음에 소개하고 싶은 표현은 '도전'이란 투명 표지판입니다. 이 단어에는 '시작한다'는 의지, '목표에 도달하기까지의 어려움' 그리고 '그 어려움을 극복할 수 있는 이유'와 같은 의미가 포함되어 있습니다.

그래서 '도전'이란 말을 무언가를 시작하고 싶다는 주장과 조합하면 ① 이루고 싶은 일 앞에 있는 어려움 → ② 그것을 극복할 수 있는 이유'라는 설명의 경로를 상대의 머릿속에 만들 수 있습니다.

예컨대 신규사업을 제안하는 자리라고 가정해봅시다. 그때 '도전'이란 단어를 활용하면 경로를 따라 이와 같은 설명을 할 수 있습니다.

| 우리는 신규사업에 도전해야 합니다. ① 우리 회사는 지금까지 신규사업을 추진한 경험이 없습니다. ② 하지만 몇십 년 동안 쌓아온 노하우를 신규사업에 활용할 수 있다고 저는 믿고 있습니다.

새로운 일을 시작하자는 설명을 들을 때 듣는 상대는 부정적인 요소를 떠올리기 쉽습니다. 그때 '도전'이란 표현을 처음에 사용하면 장애가 되는 부정적인 요소를 먼저 말할 수 있습니다. 그러고 나서 부정적인 요소를 극복하는 방법에 입각해서 설명을 이어나가면 됩니다.

부드럽게 그만둘 것을 제안하는 '졸업'

'도전'과는 반대로 무언가를 그만두자고 제안할 때 사용하기 쉬운 표현이 '졸업'입니다. 이 단어를 사용하면 ① 예전의 성과를 칭찬하면서 → ② 그만두자고 제안한다'라는 경로가 만들어집니다.

이를테면 회사 대표가 오랫동안 대면 영업을 꾸준히 강조해왔는데 이것이 더 이상 고객의 니즈에 맞지 않는 상황이라고 해봅시다.

이때 "이제 대면 영업은 그만두는 편이 좋다고 생각합니다"라고 주장하면 아무래도 말에 가시가 돋아 보입니다. 대면 영업은 쓸모없다는 뉘앙스도 느껴집니다.

대표 자신도 그 문제에 공감하고 있을지도 모르고 영업 방식을 지금까지 유지해온 이유도 있을 것입니다. 그런데 이렇게 직접적으로 허를 찌르고 들어가면 그 뒤에 설득할 틈이 없어집니다.

이때 '졸업'이란 표현을 사용해보세요.

> **이제 슬슬 우리도 대면 영업을 졸업해야 하지 않을까요. ① 분명히 지금까지 대면 영업은 효과가 있었습니다. 하지만 ② 인터넷이 발달한 요즘에는 다각도로 접근하는 게 필요하다고 생각합니다.**

이런 식으로 기존 방식의 성과를 인정하면서 의견을 제안할 수 있습니다. 머릿속이 정보로 가득 차 있는 상태의 사람들은 '듣고 싶지 않은 이야기'보다 '듣고 싶은 이야기'를 쉽게 받아들입니다.

'졸업'이란 표현을 사용하면 '그만두자'는 메시지를 상대의 머릿속에 전달하기 수월해집니다.

두 배의 효과를 불러오는 '만남'

그 다음은 '만남'이란 단어입니다. 이 표현을 서두에서 사용하면 상대는 'A×B'는 한층 큰 효과를 불러일으킨다는 곱셈의 경로를 받아들일 수 있게 됩니다.

> 필요한 것은 대기업과 스타트업의 만남입니다. ① 대기업은 자본력과 경험을 제공하고, ② 스타트업은 기동력과 최첨단 기술을 제공하여 새로운 사업을 만들어갈 수 있습니다.

이렇게 '만남'이란 단어를 쓰면 상대의 머릿속에 ①과 ②를 곱하면 더 큰 효과가 생긴다는 이미지를 떠올리게 할 수 있습니다.

이때 중요한 점은 서로의 장점만 말하고 있는 듯싶지만 서로의 단점도 언급하고 있다는 것입니다.

앞의 설명을 살펴보면, 사실 "대기업은 기동력이 떨어진다", "스타트업은 경험과 자본이 없다"는 양쪽의 단점도 지적하고 있습니다.

단점이나 부족한 점을 언급하는 일은 그다지 유쾌하지 않습니다. 그때 '만남'이란 표현을 사용해서 장점과 단점을 보완하는 관계성을 먼저 떠올리게 한 뒤 이야기를 이어가면 심리적인 저항이 약해집니다.

부정적인 말을 긍정적으로 바꾸는 '힘'

'힘'이란 단어는 책의 제목에서도 자주 사용되는데, 단독으로 사용하면 부정적으로 해석되는 표현도 '힘'을 덧붙이는 순간 그 이점을 느낄 수 있습니다.

가령 실패라는 단어에도 '힘'을 붙이면 이상하게 긍정적인 기운이 생깁니다.

> 영업은 실패하는 힘이 중요합니다. ① 실패라고 하면 일반적으로 피해야 하는 것이란 인상이 강합니다. 하지만 ② 실패하면 할수록 경험이 쌓입니다. 두려워하지 않고 실패를 거듭하다 보면 비약적인 성장을 기대할 수 있습니다.

① 단어의 부정적인 의미를 설명하고, ② 하지만 그 말을 자신이 어떻게 긍정적으로 해석하고 있는지 보여주는 설명의 경로를 만들 수 있습니다.

'힘'은 어떤 말에 붙여도 손쉽게 이점을 전달할 수 있는 편리한 표지판입니다. 사람들은 자신에게 이로운 점이 있는 정보인가 아닌가에 민감합니다.

주장하고 싶은 내용에 'ㅇㅇ의 힘'이라고 덧붙이면 귀를 기울이게 할 수 있는 가능성이 높아집니다.

~에서 ~로, '비포 앤 애프터'의 마법

지금까지는 한 단어로 서로의 머릿속에 공통 인식을 생성하는 투명 표지판을 알아봤습니다.

앞서 설명한 다섯 가지 표현은 단순해서 사용하기 편한데, 단순한 만큼 표현의 폭이나 사용할 수 있는 화제에 한계가 있는 것도 사실입니다.

그래서 꼭 소개하고 싶은 것이 비포 앤 애프터(before &

after) 표현입니다. 이 투명경로 표지판은 스스로 길을 만들어가는 듯한 감각으로 사용할 수 있습니다.

매우 편리해서 광고의 헤드 카피에서도 자주 쓰입니다. 비포 앤 애프터는 'ㅇㅇ에서 ㅇㅇ로'라는 표현을 만드는 데 사용하는데요. '현재 상태에서 원하는 미래까지' 최단 경로로 설명할 수 있는 틀입니다.

광고뿐만 아니라 일상적으로 설명하는 자리에서 상대의 머릿속에 자신이 원하는 경로를 그릴 때도 비포 앤 애프터 틀을 사용할 수 있습니다. 서두에서 이제부터 무엇을 설명할 것인지 한마디로 표현하는 방식입니다.

이 틀을 사용하면 상대는 어떤 설명이 펼쳐질 것인지를 머릿속에 그리면서 설명을 들을 수 있습니다. '사람이 일하는 시대에서 기계가 일하는 시대로', '관료주의 조직에서 수평적 조직으로'와 같이 서두에 비포 앤 애프터 틀을 사용하면 설명의 시작부터 끝까지 이어지는 경로가 상대의 머릿속에 그려집니다.

| ① 설명을 두려워하던 사람이 ② 설명을 즐기는 사람으로 변

화하게 돕는 것. 바로 이 책의 콘셉트입니다.

① 설명을 잘하지 못한다는 의식 때문에 설명을 어려워하는 사람이 많습니다. ② 하지만 저는 이 책을 통해 보다 많은 사람들이 좀 더 편하고 즐겁게 설명할 수 있게 되기를 바랍니다.

일반적으로 설명은 현재를 좀 더 나은 상태로 만들기 위한 목적을 갖고 있을 때가 많습니다.

만족스럽지 않은 현재와 이상적인 미래를 처음에 보여주고 시작하는 비포 앤 애프터 틀은 현재를 개선하기 위한 설명에 안성맞춤입니다.

비포 앤 애프터 틀은 설명하는 사람이 내용을 구성할 때 하나의 사고법으로도 사용할 수 있습니다. 저는 이 책을 쓸 때 "설명이 두려워서 피하는 사람들이 없었으면 좋겠다"라는 생각을 갖고 있었습니다.

이것을 비포 앤 애프터 틀로 말하면, '설명이 두려워서 피하던 사람이 설명을 즐기는 사람으로 변화하게 돕는 것'이 됩니다.

'피하다'의 반대말은 무엇일까? 이렇게 생각하자 '즐기다'가 떠올랐습니다. 현재 상태의 어떤 문제를 해결하고 싶을 때, 어떤 미래를 만들고 싶은지 생각하면 해결책이 자연스럽게 떠오릅니다.

비포 앤 애프터 틀은 이상적인 상황을 가정하고 현재의 문제점을 드러나게 할 수도 있습니다. 이를테면 경영자가 "자발적으로 일하는 직원을 늘리고 싶다"라는 생각을 갖고 있다고 합시다.

그때 자발적으로 일하는 것의 반대는 무엇일까?라고 현재 상태의 문제점을 생각해볼 수 있습니다. 'ㅇㅇ한 업무에서 자발적인 업무로.' 이 틀을 따라 생각해보면 이와 같이 비포(before)에 해당하는 부분에 공백이 생깁니다.

이 공백을 무슨 말로 메우면 좋을까요? '자발적'의 반대말로는 '수동적'이 있습니다. 이와 같은 방식으로 현재 상태의 문제점을 적질히 표현하는 말을 쉽게 찾을 수 있습니다.

수동적인 업무에서 자발적인 업무로

대표가 원하는 인재상을 이렇게 설명하면 직원은 회사에서 어떻게 일해야 인정받을 수 있는지 확연하게 알 수 있습니다. 대표가 어떤 방향으로 회사를 경영하고 싶은지 보이기 때문에 일하기도 편해집니다.

비포 앤 애프터라는 투명 표지판은 설명을 쉽게 할 수 있게 해줄 뿐 아니라 한층 깊이 있게 내용을 구성하도록 도와줍니다.

첫머리를 고민하면 끝머리까지 귀를 기울이게 설명할 수 있습니다.

4
장

○

정
리

○ 카피라이터는 상대의 머릿속에 은밀하게 투명 표지판을 세워 설명의 경로를 그린다.

○ '시대'라는 말은 과거에서 현재에 이르기까지의 트렌드의 변화를 표현할 수 있다.

○ '도전'이란 말은 과제와 해결책으로 이어지는 이야기의 흐름을 설명한다.

○ '졸업'이라는 말은 현재를 인정하면서 마무리하자는 의견을 표현한다.

○ '만남'이란 말은 문제 및 과제를 보완하는 새로운 안을 제안한다.

○ '힘'이란 말을 부정적인 표현에 붙여 쓰면 긍정적인 의미로 메시지를 바꿀 수 있다.

○ '○○에서 ○○로'라는 표현을 사용하면 설명이 간결해지고, 깊이 있게 내용을 구성하도록 도와준다.

5장

상대방의 귀를 사로잡는 내비게이션 표현

원하는 길로 편리해야 하는 순간은 반드시 온다.

상대가 흥미를 잃지 않고
내 이야기에 좀 더 집중하게 하고 싶다면?
자동차 내비게이션은 "100미터 앞에서 우회전입니다"와 같이
정해진 경로를 안내하기 위해서 포인트마다
정확하게 메시지를 보냅니다.
설명하는 일도 이와 비슷합니다. 듣는 사람이 처음에는 설명을
잘 따라오다가도 어느새 경로를 이탈하는 경우가 꽤 있습니다.
그래서 내비게이션 표현이 필요합니다.
중요한 설명을 할 때나 왠지 상대가 자신의 설명을 이해하지
못하고 있다는 인상을 받을 때 내비게이션 표현을 사용하면
자신의 설명에 한층 귀 기울이게 할 수 있습니다.

맞춤형 정보가
익숙한
사람에게는
맞춤형 비유를

설명을 할 때 상대방이 귀를 쫑긋 세우게 하고 싶으신가요? 그럴 때 '비유'는 매우 효과적인 기술입니다.

비유을 활용하면 상대에 따라 다양한 표현을 쓸 수 있습니다. 취향이나 나이에 적절히 맞추어 이야기할 수 있지요.

맞춰 입은 옷이 입기에 편하듯이 상대에게 어울리는 맞

춤형 표현을 쓰면 듣는 사람이 본인도 모르게 몸을 앞으로 기울여 설명을 듣게 됩니다.

가령 후배에게 업무 효율이 떨어졌을 때를 대비해서 회복하는 방법을 평소에 생각해두는 게 좋다는 조언을 하고 싶다고 해봅시다. 이 표현을 그대로 전달하면 잔소리로 들릴지 모릅니다.

그런데 후배의 취미가 게임이라면? 그렇다면 게임 용어를 사용해서 이야기하면 어떨까요? 조언이라도 거부감이 줄어들 것입니다.

| 좀처럼 의욕이 생기지 않을 때를 대비해 나름의 회복마법을 갖고 있는 편이 좋지.

'회복마법'이라는 상대가 좋아하는 장르의 표현을 사용해 눈을 번쩍 뜨게 만들었습니다.

듣는 사람이 관심 있는 분야의 표현 혹은 쉽게 이해할 수 있는 단어를 사용하여 이야기하면 주의를 끌 확률이 높아집니다.

야구를 좋아하는 동료에게는 스포츠에 비유해서 설명을 하는 방법이 유효합니다.

> **루틴은 매우 중요하지. 일류 야구선수가 타석에 들어가기 전에 매번 같은 동작을 하잖아. 나도 아침에 일어나면 꼭 하는 루틴이 있어. 우선 커피를 내리고, 다음에 창가의 탁자에 앉아서 노트를 보지. 노트에는 전날에 써놓은 오늘 해야 하는 일이 적혀 있어. 이 루틴을 지키면 하루가 순조롭게 진행돼. 왠지 안타를 칠 것 같은 기분도 들고 말이야.**

1장에서도 언급했지만, 현대인은 알고리즘을 활용한 맞춤형 정보에 익숙해져 있습니다. 그 때문에 자신에게 해당되는 내용이 아니라는 판단이 들면 정보를 차단하기 쉽습니다.

비유를 사용하면 "당신을 위한 정보예요"라는 메시지를 은연중에 보낼 수 있습니다.

전문적인 내용도 알기 쉽게

추상적이거나 좀 알기 어려운 표현을 구체적으로 바꾸어서 상대의 이해를 도울 때도 비유적인 표현을 사용하면 좋습니다.

저는 요즘 요가를 배우고 있습니다. 다른 사람에 비해 몸이 상당히 유연하지 못해서 수업을 따라가기 어려워 개인 교습을 받고 있습니다. 그런데 요가 강사가 머리에 쏙쏙 들어오게 설명을 잘합니다.

특히 선골을 세우는 방법을 비유해서 이야기했을 때는 무심결에 '역시!' 하며 무릎을 탁 칠 정도였습니다. 요가에서 선골(꼬리뼈 위쪽 편평한 뼈)을 세워서 바닥에 앉는 것은 기본 중의 기본 자세입니다.

그런데 저는 몸이 굳어 있고 애초에 어떤 상태로 앉아 있는지 감도 없었기에 좀처럼 선골을 세울 수 없었습니다.

그럴 때 요가 강사가 다음과 같이 말해주었습니다.

| 엉덩이의 주머니를 보여주듯이

　바닥에 앉아 있을 때 선골을 세우고 있는 상태가 아니면 바지의 주머니가 엉덩이에 깔려 보이지 않습니다. 강사가 아무리 "선골을 세우듯이 앉아주세요"라고 말해도 어떻게 하면 좋을지 도통 몰랐습니다. 그런데 "엉덩이의 주머니를 보여주듯이 앉아주세요"라고 설명해주니 어떻게 하면 될지 단번에 이해했습니다.

　'선골을 세우다'와 같이 해당 분야에서는 당연하게 쓰이는 익숙한 표현이라도 다른 사람들은 이해하기 어려운 말이 수두룩합니다.

　배경지식이 없는 사람들에게 전문 용어를 어떻게 바꾸어 말하면 알아듣기 쉬울지 생각해두면 설명할 때 크게 도움이 됩니다.

관용구

비틀기로

아는 표현도

새롭게

"하룻강아지 범 무서운 줄 모른다", "원숭이도 나무에서 떨어진다" 등 널리 알려진 속담이나 관용구가 있습니다. 이런 표현을 살짝 바꾸어서 사용하면 설명의 효과를 높일 수 있습니다.

| 요즘 젊은 사람들은 '돌 위에도 석 달' 정도의 느낌이네요.

일본에는 "돌 위에도 3년"이라는 속담이 있습니다. 3년 정도 참고 앉아 있으면 돌도 따뜻해져서 편안해진다는 뜻으로 참고 견디며 살자는 말입니다.

하지만 최근에는 대학을 졸업하고 갓 입사한 신입사원들이 3년이 되기 전에 이직하는 것이 자연스러워졌습니다. 결단이 빠른 사람이라면 3개월쯤 되었을 때 계속 일할지 말지 결정하는 경우도 있습니다.

요컨대 요즘 젊은이들이 '참는' 기간이 짧아지고 있는 것입니다. 이런 현상을 인상에 남게, 그리고 간결하게 설명하기 위해 속담을 조금 다르게 활용해보았습니다.

살짝 바꾼 관용구는 상대도 어떤 의미인지 어렵지 않게 짐작할 수 있다는 점이 장점입니다. 모두가 알고 있는 표현이되 새롭다는 인상을 줄 수 있습니다.

앞에서 기시감이 있는 설명은 외면당하기 쉽다고 했습니다. 관용구를 조금 바꾸면 처음 들었을 때, "어라? 이게 무슨 말이지?" 하며 주의를 끌 수 있습니다. 잘 바꾼 관용구는 센스 있다는 칭찬을 들을 수도 있습니다.

물론 대중적이지 않은 관용구를 선택해서는 안 됩니다.

상대와 자신의 공통된 배경지식을 이용하는 것이 이 기술의 핵심이기 때문에 애초에 원래의 관용구를 모르면 제대로 효과를 볼 수 없습니다.

살짝 바꾼 관용구를 잘 써먹으려면 평소에 좋은 재료를 찾는 감각으로 '이 표현이라면 이럴 때 쓸 수 있겠는데' 하며 책이나 잡지, 인터넷 기사를 들춰보기를 추천합니다.

모두가 알고 있는 표현인데 새롭게 보이는 글이라면 SNS에서도 좋은 반응을 얻을 수 있으니 꼭 한번 시도해보세요.

모호한 이미지를
구체적으로
만들려면
숫자로 포인트 주기

　　구체적으로 이미지를 떠올리기 쉬울 때 사람들은 설명에 귀를 기울입니다. 숫자는 모호한 이미지를 구체적으로 만들어줍니다.

　　가령 자사의 상품을 매장에 진열하고 싶을 때, "엄청나게 많이 팔립니다"라고 아무리 말해도 매장 측에서는 '영업사원이라면 모두 그렇게 말하지' 하며 귓등으로 듣기 마련입니다.

이럴 때 이렇게 설명해보면 어떨까요?

| 10초에 1개씩 팔리는 상품입니다.

매장 직원이 어떤 상품인지 자세히 묻고 싶어지지 않을까요? 지역의 특산품도 마찬가지입니다.

깊은 역사를 지닌 관광지에 가면 특산품 가게 주인이 "전통이 있는 상품입니다"라고 아무리 외쳐도, 관광객은 '그야 당연히 옛날부터 내려왔겠지'라고 생각합니다.

| 300년의 역사가 있습니다.

이렇게 넌지시 말하면, 그 긴 역사가 구체적으로 피부에 와닿아서 관심을 끌기 쉬워집니다.

"잘 팔리는 상품입니다", "전통적으로 내려오는 상품입니다"와 같은 표현은 자주 듣는 말입니다. 누구라도 할 수 있는 이야기이기에 크게 신뢰가 가지 않습니다.

하지만 이때 숫자를 넣어서 설명하면 정보가 보다 새롭고 구체적으로 인식돼 귀를 기울이게 됩니다.

특징을 잡기 쉽지 않은 내용이라면 숫자를 포인트로 사용해서 설명해보세요. 듣는 사람의 관심을 이끌어낼 수 있습니다.

호 기 심 을

불 러 일 으 킬   땐

경 험 담 을

사 용 하 라

설명하기 어려운 부분을 간결하게 정리하려고 하면 아무래도 내용이 모호해지기 십상입니다. 이야기가 추상적이면 듣는 사람이 이미지를 구체적으로 떠올리기 어렵고 이전에 들은 적 있는 정보처럼 받아들여지기 쉽습니다.

그럴 때 경험담을 활용해서 말하면 매우 독창적인 이야

기를 만들 수 있습니다.

직접 겪은 이야기는 사람들을 끌어당기는 힘을 갖고 있습니다. 이야기가 어떻게 끝날지 궁금해하는 사람들의 호기심을 불러일으킵니다.

이를테면 "간결한 설명이 효과적이다"라는 주장을 하고 싶다면, 다음과 같이 시작해보세요.

> **일전에 있었던 일인데, 어떤 사람이 장황하게 늘어놓은 설명을 간결하게 정리해주었더니 '고맙다'고 인사를 하더라고. 그 어떤 사람이 사실은….**

이렇게 운을 떼면 상대는 뒤에 이어지는 내용이 궁금해져 계속해서 관심을 기울이게 됩니다.

누구나 가장 쉽게 사용할 수 있는 경험담은 신입사원일 때의 일입니다. 예컨대 후배가 메모를 해놓지 않아 실수를 저질렀을 때, 다짜고짜 야단을 치는 경우가 많은데요. 그렇게 하지 않고 은근슬쩍 예전에 잘못한 이야기를 들려주는 겁니다.

| 나도 신입사원일 때 'ㅇㅇ 씨, 왜 메모를 하지 않았어요? 그래서 이런 일이 일어났잖아요'라고 선배에게 지적받은 적이 있지.

이렇게 하면 '실수했을 때의 기분을 자신도 알고 있다'는 전제로 원활하게 대화를 이어갈 수 있습니다. 후배 입장에서도 보다 거부감 없이 충고를 받아들일 수 있겠지요.

더불어 SNS에 글을 올릴 때에도 신입사원일 때의 경험담을 활용하면 설교하는 듯한 느낌을 주지 않아 '좋아요'가 달리기가 쉽습니다.

직접 겪은 체험담은 어디에서도 들은 적 없는 독창적인 이야기가 됩니다.

5
장
○
정
리

○ 설명을 끝까지 듣게 하기 위해서는 상대의 주의를 끄는 내비게이션
   표현을 활용하는 게 좋다.

○ 상대가 관심을 갖고 있는 분야와 관련된 비유를 활용하면 주목을
   받기 쉽다.

○ 기존의 관용구를 살짝 바꿔 사용해 새롭다는 인상을 주자.

○ 숫자를 포인트로 사용해 뛰어난 점을 강조해보자.

○ 자신의 경험담을 인용하면 독창적인 이야기를 만들 수 있다.

6짱

나의
설레임을
완벽하게
만들어주는
무심한
얼룩

힘마디로 정리해야 하는 순간을 만드시 온다

지금까지 상대의 머릿속에 설명의 지도를 그리고
자연스럽게 귀를 열게 만드는 내비게이션 표현을 소개했습니다.
6장에서는 은근히 '여기가 중요하다고' 상대의 뇌에 신호를
주는 법을 소개하겠습니다. 바로 '무의식 알람' 기술입니다.
'무의식'이라고 한 까닭은 대놓고 강조하지 않아도
중요하다고 느끼게 할 수 있기 때문입니다.
무의식 알람을 사용하면 프레젠테이션의 중요한 장면에서
상대의 마음을 한순간에 사로잡을 수 있습니다.

두 배 로
─────────
강 조 하 는
─────────
반 복 의   기 술
─────────

여러분은 설명할 때 특히 집중해서 들어야 하는 부분을 어떻게 전달하시나요? 직접적으로 "여기가 중요한 포인트입니다"라고 이야기할 수도 있겠지요.

하지만 카피라이터는 구태여 상대의 뇌에 스트레스를 주는 표현은 사용하지 않습니다. 이럴 때 '반복' 기술을 사용하면 좋습니다.

예를 들면 설명과 마찬가지로 아이디어 역시 타깃을 좁히고 수정과 고민을 거듭하며 정말 필요한 요소만 남겨야 좋아지는데요.

이를 한마디로 표현해보겠습니다.

| **아이디어는 쥐어짜낼수록 좋아진다.**

이와 같이 딱 잘라 말하는 것도 나쁘지 않습니다. 그렇지만 아이디어를 계속해서 고민하는 일의 중요성을 강조해 전달하고 싶다면 어떻게 하는 게 좋을까요?

| **아이디어는 쥐어짜내면 짜낼수록 좋아진다.**

어떤가요? 아이디어를 수정하고 고민하는 일의 중요성이 한층 전달되는 것 같지 않나요?

이는 단순하게 반복해서 설명하는 법 가운데 가장 기본적인 내용입니다. 다만 반복에는 여러 가지 방법이 있습니다.

'거리를 두고 반복하기'도 자주 사용되는 기술입니다.

이를테면 가족 등 가까운 사람은 편하다 보니 자기도 모르게 말을 막 하기가 쉽습니다. 가까이 있는 소중한 사람일수록 말할 때 신중하게 해야 한다는 내용은 어떻게 설명하면 좋을까요?

이를 단순하게 표현해보겠습니다.

| 소중한 사람에게 하는 말은 신중하게 생각하자.

너무 담백해서 그다지 인상에 남지 않습니다. 반복적인 표현을 사용하면 어떨까요?

| 소중한 사람에게 하는 말을 소중하게 생각하자.

이렇게 '신중하게'라는 말을 '소중하게'로 바꿔 반복해서 쓸 수 있습니다.

같은 말을 반복하면 강조하고 싶은 부분을 자연스럽게 상대에게 드러낼 수 있습니다. 특히 설명의 서두나 마무리에 반복적인 표현을 사용하면 듣는 사람의 마음을 확실하게 사로잡을 수 있습니다.

감동을 되풀이하고 싶을 때는 말을 되풀이해보세요.

당연해 보이는
표현을
차별화하는
방법

말은 어렵습니다. 특히 올바른 생각을 표현하는 경우에는 더욱 주의해야 합니다. 바른 생각일수록 많은 사람들이 중요하다고 언급하기 때문에 식상한 표현이 되고 맙니다.

카피라이터도 고객이 누가 봐도 옳은 생각을 전달하고자 광고를 의뢰하는 경우에는 특히 표현에 신경 씁니다.

아무리 사회적으로 가치 있는 메시지를 갖고 있어도 특별한 게 없다고 외면당하면 광고 효과가 약해지기 때문입니다.

이럴 때 사용할 수 있는 것이 '낙차'를 만드는 기술입니다. 예를 들어 당신은 항상 삶을 정직하게 살고 싶습니다. 또한 아래와 같은 마음을 갖고 있습니다.

| 정직한 모습으로 성공하고 싶다.

이 마음 자체는 멋집니다. 하지만 이대로 말하면 듣는 사람은 "아 네, 그렇군요."라고 별 인상 없이 메시지를 흘려보낼 수 있습니다.

이때 한번 낙차를 만들어보세요.

| 거짓된 행동으로 성공하고 싶지 않다. 정직한 모습으로 성공하자.

이와 같이 일단 '정직'의 반대인 '거짓'을 앞 문장에 놓습니다. 이렇게 하면 한층 '정직'에 초점이 모입니다.

| 영업에는 듣는 힘이 중요하다.

중요한 얘기인 것 같긴 한데, 어딘지 뻔해 보입니다. 이와 같은 조언도 낙차를 만들어 다음처럼 바꿀 수 있습니다.

| 영업에 필요한 것은 말하는 힘이 아니다. 듣는 힘이다.

일단 다른 요소를 부정하고 나서 '듣는 힘'을 내세우면 듣는 힘이 중요하다는 사실이 한층 두드러집니다.

자신이 하고 싶은 말을 그대로 전달하기 전에 앞에 그것과 정반대의 표현을 배치해보세요.

이렇게 하면 앞뒤 내용이 비교되면서 그 낙차에 의해 전달하고 싶은 표현을 더욱더 강조할 수 있습니다.

질 문 에
—————
답 하 려 는
—————
본 능 을
—————
활 용 하 라
—————

저는 수수께끼를 그렇게 좋아하는 편은 아니지만 예능 프로그램에 수수께끼 문제가 나오면 저도 모르게 답이 무엇인지 생각하게 됩니다. 그럴 때마다 사람은 질문을 받으면 자연스럽게 그 답을 떠올리는 습성이 있는 게 아닌가 생각하게 됩니다.

카피라이터도 광고에서 질문 형식의 문장을 자주 사용

합니다. 소비자가 광고를 보고 상품에 대해 생각하게 하는 데 안성맞춤이기 때문입니다.

| **자동차란 무엇일까?**
| **좋은 생활이란 무엇일까?**
| **품질이란 무엇일까?**

이런 질문형 표현은 광고뿐만이 아니라 강연에서도 사용할 수 있습니다.

예를 들면 금융 관련 강의를 한다고 해봅시다.

| **금융 지식이 필요한 이유는 무엇일까요?**

이렇게 질문을 던져보세요.

꼭 대답을 들을 필요는 없습니다. 하지만 이렇게 물으면 듣는 사람은 자연스럽게 앞으로 설명하는 내용에 대해 생각하는 자세를 갖게 됩니다.

그런데 질문을 던질 때 상대가 그 답을 오랜 시간 생각하게 하지 않는 편이 좋습니다.

질문을 던지는 목적은 주의를 끌기 위한 것이지 정말로
상대가 깊이 생각하게 만드는 것이 아닙니다. 정답이 없
는 질문을 던졌는데 전달하려는 내용과 대립되는 생각에
빠지게 되면 오히려 설명을 받아들이기 어려워지는 경우
도 있습니다.

이런 관점에서 보면 SNS에도 질문형 표현이 넘쳐납니다.

| **일한다는 것은 무엇일까?**

| **부부란 무엇일까?**

| **일이란 무엇일까?**

이렇게 게시글에 질문형으로 의문을 던지면 의견이 분
분하고 '좋아요'나 '공유' 수가 많아집니다.

질문을 받으면 무심코 그 답을 생각하게 됩니다. 단순
하지만 사람의 마음을 끌어당기는 데 질문은 확실히 효과
적입니다.

인 상 적 인

문 장 을 만 들 때

필 요 한

언 어 의 규 칙

    문학에서 일정한 자리에 같은 운을 규칙적으로 다는 것을 '압운한다'라고 합니다.

    랩에서도 중요하게 생각하는 언어의 규칙인데, 아주 평범한 설명을 할 때도 음운을 의식해서 하느냐 아니냐에 따라 상대의 귀에 울리는 느낌이 사뭇 달라집니다.

    이 기술 또한 자연스럽게 핵심 포인트를 사람들의 기억

6장 | 나의 설명에 집중하게 만드는 무의식 알람

1
5
5

에 남기는 방법입니다. 기분 좋게 흥얼거릴 수 있는 노래 가사는 대체로 능숙하게 음운이 설계되어 있습니다.

압운을 만들려면 우선 발음이 비슷한 단어를 찾습니다. 이를테면 앞에서 설명의 비결 중 하나로 머릿속 내용을 가시화하는 것을 이야기했는데요.

이를 문장으로 표현하면 다음과 같습니다.

| **설명은 가시화를 통해 가치화된다.**

| **가시화/가치화**

이렇게 '가시화'와 '가치화'는 음운에서 'ㅅ'과 'ㅊ' 차이만 납니다. 이외에는 모두 같기 때문에 한 개의 문장으로 조합되면 음률이 생깁니다.

압운 기술의 초급 단계는 '가시화'나 '가치화'와 같이 말하고 싶은 단어와 발음이 비슷한 표현을 찾아서 활용하는 것입니다.

한 글자만 다른 단어는 자음과 모음이 거의 같기 때문

에 찾아내기 쉽습니다.

그 다음 단계는 자음은 다르지만 모음이 같은 단어를 찾아서 사용하는 것입니다.

이렇게 하면 듣는 사람은 '왠지 모르게 문장이 듣기 좋고 인상적이네'라고 생각하게 됩니다. 문장을 만든 사람만 그 이유를 아는 기분 좋은 기술입니다.

영업력은 경청력이다.

영업력/경청력

'영업력'과 '경청력'은 'ㅕ, ㅓ, ㅕ'의 순서로 모음이 같은 단어들입니다.

압운을 활용하면 귀를 즐겁게 해주는 단어를 만들 수 있습니다. 이뿐만 아니라 귀에 익숙하지 않은 독창적인 표현으로 강한 인상을 심어줄 수 있습니다.

정보가 넘쳐나는 시대에는 어딘가에서 들어본 적이 있는 표현은 홀대받기 십상입니다. 강조하고 싶은 포인트를 압운을 사용해서 표현하면 한층 인상적이고 쉽게 설명할 수 있습니다.

압운을 다는 연습을 할 때 권하고 싶은 방법은 눈에 들어오는 단어를 이용해서 어휘 놀이를 해보는 것입니다.

예컨대 '나이테'라는 단어를 봤다면, 'ㅏ, ㅣ, ㅔ'와 같은 모음을 사용하는 세 글자 단어는 무엇일까 생각해보세요. '아이템', '사이렌' 등 여러 가지가 있습니다.

이런 훈련을 해두면 설명을 할 때도 자연스럽게 음운의 힘을 사용할 수 있습니다.

의 외 의

표 현 에

집 착 하 라

카피라이터는 '중복'에 대한 두려움이 큽니다. 기업끼리 광고 헤드 카피가 겹치면 고객인 기업은 물론이고 소비자에게 실망감을 안겨줄 수 있습니다.

그래서 카피라이터는 의외성이 있는 표현을 조합하는 기술을 자주 사용합니다.

| 자유는 멋지다.

라고 말하기보다

| 자유는 어렵다.

라고 말할 때, 뒷이야기를 듣고 싶어집니다.

이는 일반적인 문장에서 '자유'라는 말 뒤에 '어렵다'라는 표현이 이어지는 경우가 많이 없기 때문입니다. 이처럼 의외의 표현으로 단어를 바꿔서 문장을 구성하면 식상한 설명에서 벗어날 수 있습니다.

또한 전혀 다른 분야에서 쓰이는 단어를 갖고 와서 표현을 치환하는 방법도 있습니다.

| 거래 전에 확실하게 준비하세요.

이와 같이 말하면 당연한 이야기처럼 느껴집니다.

| 거래는 밑간이 가장 중요하다.

이렇게 비즈니스에 요리 용어를 조합시키면 '어라? 무슨 뜻이지?' 고개를 갸우뚱하며 괜히 의미를 확인하고 싶어집니다.

세상에 흔히 있는 일을 설명할 때는 일단 멈춰 서서 다른 표현이 없는지 궁리해보세요. 그것만으로도 상대의 마음을 끌어당길 수 있는 문장을 만들 수 있습니다.

물론 지나치게 엉뚱한 말을 연결하여 이를 이해시키는데 더 많은 설명이 필요하지 않도록 주의해야 합니다.

상 대 를
──────
배 려 하 는
──────
간 결 한   설 명
──────────

　　지금까지 설명의 최단 경로 파악하기, 투명 표
지판 세우기, 내비게이션 표현, 무의식 알람 등의 기술을
소개했습니다.

　　이를 활용하면 중요한 포인트를 드러내놓고 강조하지
않아도 상대가 이를 무의식적으로 느끼게 만들 수 있습
니다.

바로 정보로 꽉 차 있는 상대의 뇌에 부담을 주지 않고 핵심 내용을 전달하는 방법입니다. 상대를 성심성의껏 배려하는 설명의 기술인 것이지요.

앞으로 이렇게 다양한 언어의 기술을 사용해보세요. 상사에게 보고할 때, 업무 자료를 만들 때, SNS에 글을 올릴 때도 이 책에서 소개한 기술을 활용해보고 반응을 살펴보세요.

이를 통해 여러분이 간결하게 효과적으로 설명하는 즐거움을 느끼게 된다면 그보다 더 기쁜 일은 없을 것 같습니다.

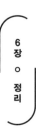

6
장

○

정
리

- ○ 강조하고 싶은 부분을 자연스럽게 표현하고 싶을 때는 무의식 알람을 사용하자.

- ○ 같은 표현을 반복하면 자연스럽게 내용을 강조할 수 있다.

- ○ 말하려는 내용과 반대되는 요소를 부정하고 나서 주장을 내세우면 내용을 강조하는 효과가 있다.

- ○ 질문에 답하려는 습성을 활용하라.

- ○ 모음이 같은 단어를 함께 사용하면 읽었을 때 음률이 좋고 인상 깊은 문장을 만들 수 있다.

- ○ 보통 함께 쓰지 않는 단어를 조합해 의외성으로 주의를 끌어라.

일상에서 활용하는 셀프공감의 기술

7장에서는 실제 상황에 따른
설명의 비법을 소개합니다.
지금까지 설명한 기술은 다양한 경우에 사용할 수 있지만
상황을 한정하여 거기에 걸맞은 설명의 비법을 자세하게
안내하면 더 도움이 되겠다는 생각이 들었습니다.
특히 많은 사람들이 고민하는 상황을 선택했으니
현재 자신이 자주 겪는 사례를 중심으로 살펴보기 바랍니다.

상사에게
보고할 때,
팀원에게
설명할 때

이 책을 쓰면서 설명할 때 어려운 점이 무엇인지 다양하게 조사했는데 특히 상사에게 보고하는 일이 어렵다는 사람이 꽤 많았습니다.

상사는 자신을 평가하는 위치이기에 설명하면서 왠지 긴장되는 것은 어쩔 수 없는 일입니다. 그렇지만 마음을 편히 가질 수 있느냐 아니냐는 행동에 큰 영향을 미칩니다.

프로 스포츠의 세계에서도 상위권 선수들의 시합은 기술의 차이보다 얼마나 긴장하지 않고 플레이를 할 수 있는지에 따라 결과가 크게 좌우됩니다.

만약 당신이 상사에게 무엇을 보고할 때 마음이 불안하다면 아직 머릿속에 어떤 내용을 설명해야 할지 명확하게 정리되어 있지 않기 때문인지도 모릅니다.

우선 3장에서 소개한 것처럼 설명의 최단 경로를 파악했는지 점검해보아야 합니다. 즉, 설명의 구성요소를 전부 꺼내놓은 뒤 상사에게 필요한 정보만 남긴 후 이를 전달하는 것입니다.

설명하려는 내용이 확실하게 가시화되어 있으면 무엇보다도 안심하고 이야기할 수 있습니다.

사전 메일로 설명의 경로 알리기

직장에서 제대로 설명을 못하는 사람을 살펴보면 무턱대고 상사 앞에 가서 설명을 시작하는 경우가 종종 있습니다.

이럴 경우 말하고자 하는 내용이 제대로 전달되지 않을 가능성이 높고, 상사는 참다 못해 질문 공세를 펴게 됩니다. 그 결과 보고하는 데 시간이 오래 걸리고 설명을 하는 사람이든 듣는 사람이든 둘 다 에너지가 소모되는 상황이 펼쳐집니다.

제가 아는 일 잘하는 선배 하나는 상사에게 보고할 일이 있을 때 항상 사전에 메일을 보내고, 그 다음에 설명을 하러 갑니다.

말하자면 필요한 정보를 자신의 머릿속에서 꺼내놓고, 그것을 정리해서 메일로 보낸 후 상대가 그 메일을 읽어 보았을 시점에 이야기를 하러 가는 것입니다.

이렇게 하면 상사는 메일로 설명의 경로를 대략적으로 파악한 뒤에 이야기를 들을 수 있습니다. 설명을 하는 사람도 일단 글로 적으면서 내용을 확실하게 정리했고, 또한 최소한의 정보는 메일로 미리 전달했기에 자신 있게 설명할 수 있습니다.

상대에게 미리 요점을 알려놓으면 보다 편안한 마음으

로 설명할 수 있게 됩니다. 상사 앞에만 서면 긴장하는 사람은 사전준비를 철저하게 해서 최대한 마음을 편히 갖고 설명에 임하는 것이 중요합니다.

보고하는 것이 고역이라는 사람의 고민을 들어보면, 많은 경우 "한창 설명을 하는데 갑자기 상사가 미주알고주알 간섭하는 거예요"라고 투덜댑니다.

열심히 말하고 있는데 상사가 불쑥 말허리를 자르고 들어오면, 그렇지 않아도 긴장을 한 상태에서 이야기가 뒤죽박죽이 되고 만다는 것이지요.

이런 유형의 사람은 혼자가 아니라 상대와 함께 설명을 이어간다는 자세로 말하는 게 좋습니다. 상사와 이야기하는 것이 정말 힘든 사람은 그런 스트레스 때문에 최대한 설명을 서둘러서 끝내려고 합니다.

빨리 설명을 끝내고 편해지고 싶다는 생각이 굴뚝같기 때문입니다. 하지만 이는 상대가 따라오든 말든 혼자 부랴부랴 걸음을 재촉해서 길을 걷는 것과 마찬가지입니다.

원래 설명은 상대를 이해시키는 게 목적입니다. 이를

위해서는 듣는 사람과 보조를 맞추어서 함께 걸어야 합니다. 상사가 도중에 말하기 시작하는 것은 "이쪽 길이 지름 길 아닌가요?"라며 당신이 처음에 그려놓은 길과 다른 길을 걷기 시작했다는 뜻입니다.

이럴 때는 설명의 경로를 약간 수정하는 것이 좋습니다. 내가 선택한 지름길이 상사에게는 낯설어서 믿음직스럽지 않을 수도 있으니까요.

중요한 것은 당신이 아는 내용을 전달하는 게 아니라 상사를 이해시키는 것임을 잊지 말아야 합니다. 상사가 어떤 설명의 경로를 걸어가고 싶은지 파악하고, 그것을 자신의 설명에 반영해서 골인 지점까지 이끌고 가는 것입니다.

상사에게 하는 설명은 뭔가를 승인받기 위한 경우가 많습니다. 상사가 한 말을 참고해서 설명을 정리하면 승인받을 확률이 한층 높아집니다.

듣는 사람이 설명에 끼어든다고 하소연을 늘어놓기보다는 상대의 이야기도 설명의 한 경로로 받아들여보세요. 목적지에 도착하기 전 들러야 하는 경유지라고 생각하는 겁니다.

그렇게 생각을 전환하면 상사가 설명을 듣다 말고 이것 저것 시시콜콜 묻더라도 차분하게 상사의 말을 받아들일 수 있게 됩니다.

실패담을 공유하면 신뢰가 싹튼다

요즘은 팀원에게 설명하기가 두렵다는 상사들도 자주 만날 수 있습니다. 조금만 단호하게 말해도 시대에 뒤떨어진 커뮤니케이션 방식으로 받아들여질 수 있기 때문입니다.

팀장이 팀원에게 설명할 때 유의해야 할 부분은 어찌되었든 안심하고 이야기를 들을 수 있게 해야 한다는 점입니다.

팀장과 팀원의 관계는 사소한 일로도 스트레스를 느끼기 마련입니다. 조금 함축적으로 설명하면 나름대로 의미를 해석하다 내용을 잘못 받아들일 수 있고, 친밀하게 보이려고 가볍게 이야기하면 무시당했다고 느낄 수도 있습니다.

팀원에게 설명할 때는 내용이 정확하게 전달되도록 신경 써야 합니다. 특히 예를 들 때는 무용담보다 실패한 이야기 쪽이 효과적입니다.

용감하게 성공한 이야기보다 용감하게 실패한 이야기로 대화해보세요. 굳이 예전의 일을 들먹이며 자랑할 필요는 없습니다.

정보의 특성을 고려해도 실패한 이야기는 하찮은 에피소드가 아닌 소중한 정보입니다. 사람들은 실패한 경험을 꺼내놓고 싶어 하지 않기 때문입니다.

그다지 알려지지 않은 정보는 가치가 있습니다. 팀원의 입장에서도 상사가 예전부터 완벽했던 것이 아니라는 사실을 알게 되면 마음이 편해지고, 그런 이야기를 들려준 상사에게 신뢰가 싹틉니다.

신뢰받는 팀장 중에는 자신의 실패담을 적절하게 이야기하는 사람이 많습니다. 실패한 이야기를 공유하면 한층 친밀감이 생기고 팀도 더욱더 능률적으로 움직입니

다. 팀장의 업무는 결국 팀원을 어떻게 움직이게 하느냐
가 관건입니다.

　일적으로 허술했던 면을 공유하면 함께 일하는 동료로
서 유대감이 생길 수 있습니다. 더불어 설교하는 듯한 느
낌도 덜어낼 수 있습니다.

어 수 선 해 지 기

쉬 운 팀 미 팅 을

빨 리

끝 내 는 법

팀 미팅은 업무상 없어서는 안 될 중요한 자리이지만, 직장인 가운데는 이를 질색하는 사람이 수두룩합니다. 그 마음은 충분히 이해됩니다.

팀 미팅은 특정한 이야기의 흐름 속에서 설명을 해나가야 하기 때문에 꽤나 어려운 자리입니다.

저는 팀 미팅에서도 메모하는 것을 권합니다. 노트와

펜을 준비하거나 노트북을 들고 가도 됩니다.

미팅 내용을 적는 것도 필요하지만, 그보다 먼저 자신이 발언하고 싶은 내용을 목록으로 나열해놓은 후 설명하는 게 좋습니다.

이렇게 하면 여러 카드를 들고 설명에 임할 수 있습니다. 누군가 의견을 물었을 때도 바로바로 적합한 내용을 꺼내 미팅의 흐름에 최적화된 설명을 이어갈 수 있고요.

또한 메모를 하다 보면 의외로 참석자들이 저마다 다른 이야기를 하고 있는 것을 발견할 때가 종종 있습니다. 논점이 왔다 갔다 하는 것이지요.

이때 미팅 내용을 정확하게 파악하고 있으면 적절한 발언으로 주의를 환기시켜 회의를 원활하게 진행할 수 있습니다. 메모하면서 이야기하는 데 익숙해지면 화이트보드에 전체의 발언을 정리해서 적어보세요. 미팅에서 오고간 내용을 가시화하는 것입니다.

모두가 제각각 다른 이야기를 하고 있는 상태는 비유하자면 어떤 길을 걷고 있는지 서로 알 수 없는 상황이나 마찬가지입니다.

"지금 ○○에 관한 말씀을 하시는 거군요."

"이야기의 주제가 ○○으로 바뀌었네요."

"회의가 길어지고 있으니 일단 원래 논의로 돌아가는 게 어떨까요?"

이렇게 미팅 도중 주제가 바뀔 때마다 정리를 해주면, 모두가 지금 어떤 이야기를 하고 있는지 알 수 있기 때문에 초점에서 벗어난 논의를 줄일 수 있습니다.

적극적으로 발언하지 않아도 참가자들이 같은 길을 걸을 수 있게 도와주는 역할을 담당하는 것이지요. 이런 일을 맡아서 하다 보면, 덕분에 회의가 수월하게 진행되고 일찍 끝났다며 감사 인사를 받는 경우도 생길 것입니다.

이처럼 미팅의 전체 내용을 가시화해서 최단 경로로 진행하면 짧고 깊이 있는 논의를 이어갈 수 있습니다. 특정한 대상에게 설명을 하는 데에서 나아가 팀 전체를 조율하는 일로 자신의 역할을 확장하다 보면, 업무 능력이 한층 성장한 것을 느끼게 됩니다.

이밖에도 미팅에서 의식해야 할 점이 있는데요. 당신의 의견을 흔쾌히 들어줄 수 있는 토양을 만들어야 한다는 점입니다.

부정적인 의견이 많이 나오는 회의는 그만큼 괴롭습니다. 저는 미팅할 때 긍정적으로 리액션을 합니다.

"그거 좋아요!"

"재미있네요!"

"좋은 느낌이 들어요!"

"잘 알겠어요!"

"역시!"

"네! 네!"

"충분히 그럴 수 있죠!"

"와아!"

"맞아요. 바로 그거예요!"

이렇게 하면 미팅 분위기가 한층 더 좋아집니다. 또한 이렇게 호응해주는 상대의 이야기를 인상을 잔뜩 찌푸린 채 듣기는 어려운 법입니다.

상대가 기분 좋게 말할 수 있도록 긍정적인 리액션을

활용해보세요. 미팅이 원활하게 진행되면 보다 편하게 의견을 말할 수 있습니다.

머릿속에 남는 프레젠테이션

이어서 프레젠테이션에 대해서 살펴보겠습니다. 우선 프레젠테이션을 할 때는 자료를 만드는 방법이 중요합니다.

무작정 파워포인트부터 여는 일은 하지 않는 게 좋습니다. 처음에는 필요한 내용을 목록화해서 노트나 메모장 앱에 적어내려가며 가시화합니다.

그 다음에 필요하지 않은 항목은 지우고, 설명에 사용할 내용을 정한 시점에서 파워포인트를 열고 자료를 만듭니다. 이 작업만 해도 자료를 만드는 시간이 상당히 짧아집니다. 또한 상대에게 필요한 내용만 남길 수 있습니다.

프레젠테이션은 상대의 머릿속에 얼마나 강한 인상을 남길 수 있느냐가 관건입니다. 그렇기 때문에 쉽게 잊히지 않는 인상적인 한마디를 준비합니다.

이 한마디를 계기로 내용을 떠올릴 수 있게 하는 설명이 이상적입니다. 왜냐하면 프레젠테이션은 그 자리에서 듣고 있는 사람들뿐 아니라 그들이 이후에 자신의 상사에게 설명하는 것까지 염두에 두고 진행해야 하기 때문입니다.

요컨대 프레젠테이션에 참석하지 않은 사람에게 전달하는 것까지 고려해서 내용을 구성해야 합니다.

이를 위해서 중요하다고 강조하고 싶은 부분에서는 앞에서 소개한 무의식 알람 기술을 사용하여 핵심 포인트를 구성합니다.

치환, 반복, 압운 등의 기술을 활용하면 중요하다고 말로 강조하지 않아도 핵심 포인트를 상대에게 효과적으로 전달할 수 있습니다.

프레젠테이션에서 이런 언어의 기술을 서두나 중반의 중요한 지점, 마무리 등에 적절하게 사용해 강한 인상을 남길 수 있어야 합니다.

SNS,
첫 문장과
마지막 문장이
중요하다

　　SNS에 글을 올렸을 때 '좋아요'를 많이 받으면 기분이 좋습니다. 저도 SNS를 운영하고 있지만, 역시 '들어가는 한 문장'과 '나가는 한 문장'이 중요하다는 사실을 절실히 느끼고 있습니다.

　　첫 문장이 재미있으면 자연스럽게 그 뒤의 내용이 읽고 싶어집니다. 또한 마무리의 한 문장이 좋으면 나도 모르게 '좋아요'를 누르고 싶어집니다.

그렇기 때문에 이 두 문장이 특히 중요합니다. 들어가는 한 문장에는 무의식 알람 기술의 하나인 '치환'이 효과적입니다.

SNS는 정보량이 방대하고, 다양한 사람들의 글이 꼬리에 꼬리를 물고 흘러 들어오는 곳입니다. 어딘가에서 본 적이 있는 글은 특히 외면당하기 쉽습니다.

앞에서 소개한 "자유는 어렵다"와 같은 앞뒤가 어울리지 않는 듯한 문장을 처음에 써놓으면 "어, 무슨 의미지?" 하며 계속해서 읽어보고 싶어집니다.

한편 마무리의 한 문장에는 '반복'의 기술이 유용합니다. 글의 핵심을 강조하면서 끝을 맺는 것이지요. 반복해서 써놓으면 중요한 메시지가 무엇인지 알기 쉽습니다.

핵심 포인트가 이해되면 '좋아요'를 누르고 싶어지기 마련입니다. 들어가는 한 문장과 나가는 한 문장을 매력적으로 표현하는 것이 '좋아요'를 늘리는 지름길입니다.

130만 번 읽힌 글의 비밀

제가 쓴 게시물 중에서 지금까지 가장 반응이 좋았던 SNS 글은 130만 번 조회되고, 약 19000개의 '좋아요'가 달렸습니다.

> 신입사원 시절, 종종 조언을 해주던 카피라이터 선배가 있었다. 함께 술을 마시러 갔을 때, "왜 이렇게 친절하게 가르쳐줘요? 제가 넘어설지 몰라요"라고 건방진 말을 내뱉은 나에게 선배는 "바보 같은 소리 하네. 가르쳐주는 쪽은 더 발전하는 법이야"라고 되받아쳤다. 가르침의 중요성을 가르침받았던 밤이었다.

만화나 일러스트 등의 게시물은 시각적으로 눈에 띄기 때문에 폭발적인 인기를 얻기 쉽지만, 문장만으로 화제가 되는 때는 드뭅니다.

많이 공유되더라도 유명인의 명언 등을 사용해서 이슈가 되는 경우에는 팔로워가 거의 늘어나지 않습니다.

그런데 이 글 하나로 인해 1000명 이상의 팔로워가 늘었습니다. 이 글이 왜 그렇게 공감을 불러일으켰을까요? 비결은 다음의 수식이었습니다.

| 모두가 생각했던 사실 × 신입사원 시절이라는 나만의 경험담

입소문이 크게 나는 글은 모두 이해할 수 있는 글입니다. 모두 고개를 끄덕일 수 있는 글이 바람직합니다.

앞에 나온 예시는 '누군가를 가르칠 때는 가르쳐주는 사람이 사실 가장 큰 공부가 된다'는 이야기입니다.

가르쳐주는 일이 중요하다는 이야기는 전에 이미 많이 들어보았을 것입니다. 지금 이 시대는 식상한 정보는 무시되기 마련이기에, 이 내용만으로는 크게 반응을 얻을 수 없었을 겁니다.

그런데 여기에 선배와의 일화라는 체험이 더해지자 이 글은 독창성을 거머쥐게 되었습니다.

모두 그렇다고 느끼는 일이어서 '맞아!'라고 말하고 싶은 데다가 기시감 없는 이야기가 만들어진 것입니다. 또한 신입사원 시절에 들은 선배의 이야기라는, 직장인이라면 한번쯤 겪었을 법한 스토리라는 점도 한몫했습니다.

설명할 때 초짜였던 시절의 경험담을 활용하면 설교하는 듯한 느낌을 주지 않고, 하고 싶은 말을 쉽게 전달할 수 있으며 반응도 좋습니다.

좋은 인상을
남기는
자기소개의
기술

갑자기 자기소개를 해야 하는 일이 생기면 당황스럽기 마련입니다. 저도 예전에는 자기소개를 하라고 하면 "나카무라 케이입니다. 하쿠호도에서 카피라이터로 일하고 있습니다. 잘 부탁합니다"라고 끝내고 자리에 앉기 바빴습니다.

자기소개를 할 때는 먼저 구성요소를 적어놓는 게 좋습

니다. 자기소개는 자신이 갖고 있는 요소를 어떻게 조합해서 상대에게 전달할지 정하는 게 핵심입니다. 일단 이 작업을 해두면 놀랄 만큼 편하게 이야기를 이어갈 수 있습니다.

일, 취미, 좋아하는 음식 등 자기소개에 사용할 수 있는 요소를 생각나는 대로 모두 꺼내 적어놓습니다. 그리고 업무 자리에서는 일 중심으로, 친목 도모가 목적인 곳에서는 취미 등을 중심으로 자기소개를 하면 됩니다. 자리 및 상대에 맞추어서 적절하게 설명하는 것이지요.

나를 구성하는 요소가 무엇인지 평소에 생각해두면 상황에 맞추어서 효과적으로 내용을 만들 수 있습니다.

겉모습과 다른 점을 이용하자

자기소개를 할 때 듣는 사람은 말하는 사람의 겉모습이나 말하는 스타일 등을 종합해 인상을 결정합니다.

그렇기 때문에 듣는 사람 대부분이 느끼고 있을 법한 첫인상과 다른 의외의 모습을 전달할 수 있다면 좋은 반응이 따라옵니다.

이를테면 몸집이 크거나 인상이 강한 사람이 자기소개를 하는 경우, 주위 사람들은 "이 사람, 조금 세 보이네"라고 생각하고 있을 겁니다.

그럴 때, "이렇게 보여도 소심해서"와 같이 운을 떼기만 해도 웃음을 유발해 분위기를 편안하게 만들 수 있습니다.

평소 인상에 대해서 자주 들은 말도 활용할 수 있습니다. 예를 들어 "악기를 잘 다룰 것 같아요"라는 말을 듣는 경우가 많다면, 이렇게 소개하는 것이지요.

| 악기를 잘 다룰 것 같다는 말을 자주 듣지만, 악기는 손에 쥐어본 적도 없습니다.

사람들의 첫인상을 예상하고, 그 점을 활용해 본인을 조금 낮춰 자기소개를 하면 좋은 인상을 줄 확률이 크게 높아집니다.

 몇 차례 내용에 주의를 기울여서 자기소개를 하다 보면 반응이 좋은 소재를 알 수 있습니다.

 저는 "1분 안에 자기소개를 해주세요"라는 말을 들었을 때 자주 사용하는 이야기가 있습니다.

> 카피라이터로 일하고 있습니다. 평소에도 CF 시간인 15초나 30초에 해당하는 이야기를 생각하며 살고 있기 때문에 1분 동안 자기소개를 하라고 해도 말이 30초 이상 이어지지 못합니다.

 이런 식으로 일에 대한 이야기에 자기소개를 더해 풀어 놓으면 자연스럽게 웃음이 터져 나오는 때가 많습니다.

 우선 자기소개에서 사용할 수 있는 요소를 모두 꺼내서 가시화하세요. 그것만으로도 손사래를 치던 자기소개를 한층 자신 있게 할 수 있을 겁니다.

목표를
─────────
세울 때는
─────────
나 자신에게
─────────
설명한다는
─────────
생각으로
─────────

목표를 확실하게 세우고 해야 하는 일을 해나가면 성공할 확률이 높아집니다.

이 점을 익히 알고 있어도 많은 사람들이 목표를 제대로 활용하지 못합니다. 목표에 대해 물으면 "새해에 한 번 목표를 세우고는 머릿속에서 지워버렸다"라고 이야기하는 사람들이 많습니다.

저는 목표 세우기를 나 자신에게 하는 설명이라고 생각합니다.

자신에 대한 일이기에 일단 목표를 세우면 잊지 않을 것 같지만 현실은 그렇지 않습니다. 따라서 목표도 타인에게 명확하게 설명할 수 있도록 스스로 기억하기 쉬운 문장으로 만들어두면 좋습니다.

목표를 자신에게 하는 설명이라고 생각하면, 목표를 세울 때도 앞에서 소개한 무의식 알람 기술이 매우 유용합니다. 나만 보는 목표라도 핵심을 알기 쉽게 표현해놓으면 항상 의식하게 되기 때문입니다.

목표를 세울 때는 아래와 같이 해보세요.

1. 평범한 문장으로 목표를 세운다.
2. 타인에게 설명할 때와 같이 이를 어떻게 하면 효과적으로 기억에 남게 할지 생각한다.

쉽게 잊어버리지 않는 목표 세우기

한번은 어떤 자리에서 사람들에게 새해 목표를 세우게 한 후에 이를 설명의 기술을 사용해서 표현해본 적이 있습니다.

한 유치원 교사는 다음처럼 목표를 세웠습니다.

> 하고 싶은 일을 하고 싶은 대로 하고 싶다. 싫은 일을 참기 싫다. 매일 가슴이 두근거리고 싶다. 교사로서 아이들이 행복해지게 할 수 있는 힘을 기르고 싶다.

이 목표를 다음과 같이 바꿔보았습니다.

> 교사가 가슴이 두근거리면 아이들도 가슴이 두근거린다.

무의식 알람 기술 가운데 '반복'을 사용한 것입니다. 두근거린다는 표현을 되풀이해서 교사의 가슴이 두근거리면 아이들 가슴도 기대에 차 두근두근하므로 좋은 영향을 미친다는 이미지를 담았습니다.

또한 여러 가지 일을 정리하고 싶다는 목표를 다음과 같이 세운 사람이 있었습니다.

> **올해의 목표는 정리. 사무실, 서재의 필요 없는 물건 처분. 사용하지 않는 통장, 읽지 않는 매거진 구독 취소, 쓸데없이 시간을 소비하는 앱 삭제, 여러 가지를 정리하면 하고 싶은 일을 하는 공간이 생겨나고 시간이나 마음에 여유가 생길 것이다.**

이 목표를 저는 이렇게 표현했습니다.

> **인생을 정리정돈한다.**

무의식 알람 기술 가운데 '치환'을 사용한 것입니다. '인생'이란 거대한 표현과 그것과는 조금 동떨어진 '정리정돈'이란 일상적인 단어를 사용하여 다양한 정리를 하겠다는 목표를 포괄해보았습니다.

이와 같이 자신이 생각한 목표를 마음을 사로잡는 표현

으로 만들어두면, 평소에 한층 더 의식할 수 있습니다.

평범하게 목표를 세운 뒤 어떻게 하면 자신에게 알기 쉽게 설명할 수 있을까 생각하고 궁리해보세요. 그렇게 한 번 더 고민해서 만든 목표는 쉽게 잊히지 않습니다.

남에게 메시지를 전달하는 기술은 자신에게 메시지를 전달하는 기술이기도 합니다.

- ○ 상사에게 보고할 때는 사전 정보를 전달한 후 설명하는 게 좋다.

- ○ 상사가 발언한 내용을 설명에 반영하면 전달력이 높아진다.

- ○ 상사로서 팀원에게 설명할 때 자신이 실패했던 이야기를 활용하면
  보다 편안한 분위기를 만들 수 있다.

- ○ 긍정적인 리액션은 미팅 분위기를 좋게 만든다.

- ○ 프레젠테이션할 때는 상대의 머릿속에 남는 한마디를 준비하자.

- ○ SNS에 글을 쓸 때는 처음 한 문장으로 상대의 마음을 사로잡고, 마
  지막 한 문장으로 전달하고 싶은 내용을 재차 강조하라.

- ○ 자신의 겉모습과 달라 보이는 의외의 면을 소재로 삼으면 인상적인
  자기소개를 할 수 있다.

간결한 설명으로
당신이 빛나기를 바랍니다

설명은 늘 우리 주변을 맴돌고 있습니다. 회사
에서는 상사나 동료, 부하직원에게 설명을 해야 합니다.
프레젠테이션이나 회의 등 사람들이 많이 모여 있는 자
리에서도 설명을 해야 하고요. SNS 등 인터넷 공간에서도
설명력이 필요합니다.

게다가 단 한 번의 설명으로 중요한 평가가 결정될 때

도 있습니다. 단 한 번의 설명으로 기회를 놓치기도 하고요. 설명은 많은 사람들을 괴롭게 만듭니다.

저는 우연히 카피라이터라는 직업을 갖게 되었고, 말과 글을 다루다 보니 '한마디로 설명하는 기술'이란 해결책에 도달할 수 있었습니다.

지금도 예전처럼 설명이 어눌하다면? 생각만 해도 등골이 오싹해집니다. 그러니 여러분도 앞으로는 조금이나마 설명하는 일이 즐거워지기를 바랍니다.

'설명을 기피하던 사람에서 설명을 기대하는 사람으로'. 이것이 책을 쓸 때 제가 여러분에게 전달하고 싶은 메시지였습니다. 이 책을 읽고 "그동안 배운 방법을 활용해서 한번 열심히 설명해볼까"와 같은 생각을 갖게 되기를 바랍니다.

여러분은 설명의 규칙이 변하고 있는 지금 이 시대에 최적화된 설명의 기술을 손에 넣었습니다. 언제 어디서든 상대의 고개를 끄덕이게 하는, 무엇이든 한마디로 정리하는 설명의 힘은 반드시 훌륭한 조력자가 되어줄 것입니다.

설명을 하다가 할 말이 생각나지 않아 얼버무리거나 이야기가 장황해서 좀처럼 결론에 도달하지 못하는 사람이 주변에 있다면 꼭 이 책에서 다루는 설명의 기술을 알려주기 바랍니다.

간결하게 설명할 수 있는 사람이 많아지면 회의 시간이 짧아집니다. 업무 시간도 짧아집니다. 일하는 방식도 바뀝니다.

한마디로 정리하는 간결한 설명에는 이와 같은 큰 힘이 있습니다.

'이 시점에서 무의식 알람을 사용해볼까?'

'여기에서 내비게이션 표현을 사용하면 사람들 눈이 초롱초롱해지지 않을까?'

이러한 마음으로 두근거리면서 설명의 기술을 사용해준다면 그보다 더 기쁜 일은 없을 것 같습니다.

잠깐 상상해보세요. 상사 앞에서 주눅 들지 않고 설명하고 있는 당신을. 당당하게 프레젠테이션을 하고 있는 당신을. SNS에서 많은 사람의 마음을 움직이고 있는 당신의 모습을 말이지요.

한마디로 정리하는 설명의 기술을 거머쥔 여러분의 하루하루는 이제부터 확실하게 바뀔 것입니다.

어렸을 때부터 설명에 넌더리를 내던 저는 어른이 되어 한마디로 정리하는 기술과 만나 하루하루 기대되는 삶을 살아가고 있습니다. 이제 당신 차례입니다.

이 책에서 소개한 설명의 기술이 당신의 인생을 빛나게 해주는 기술이 되기를 바랍니다.

설명이 즐거운 인생은 즐겁습니다.

한마디로 정리해야 하는 순간은 반드시 온다

초판 1쇄 발행 2020년 3월 12일
초판 2쇄 발행 2021년 1월 5일

지은이 | 나카무라 케이
옮긴이 | 황선종
발행인 | 김형보
편집 | 최윤경, 박민지, 강태영, 이경란
마케팅 | 이연실, 김사룡, 이하영
경영지원 | 최윤영

발행처 | 어크로스출판그룹(주)
출판신고 | 2018년 12월 20일 제 2018-000339호
주소 | 서울시 마포구 양화로10길 50 마이빌딩 3층
전화 | 070-5080-4037(편집) 070-8724-5877(영업) 팩스 | 02-6085-7676
e-mail | across@acrossbook.com

한국어판 출판권 ⓒ 어크로스출판그룹(주) 2020

ISBN 979-11-90030-35-9 03190

이 도서의 국립중앙도서관 출판예정도서목록(CIP)은 서지정보유통지원시스템 홈페이지
(http://seoji.nl.go.kr)와 국가자료종합목록 구축시스템(http://kolis-net.nl.go.kr)에서 이용하
실 수 있습니다. (CIP제어번호 : CIP2020005476)

만든 사람들
편집 김지희 | 디자인 dbox | 본문 조판 성인기획